Gertraud Reichel

B A B A J I

Pforte zum Licht

ॐ नमः शिवाय

G. Reichel Verlag

1. Auflage Juni 1987
2. Auflage Dezember 1989

G. Reichel Verlag
Reifenberg 36
D 8551 WEILERSBACH
Tel. 09194 - 8900

Umschlagentwurf nach einem Aquarell von BABAJI

Gesamtherstellung: G. Reichel Verlag
Gesetzt auf PC mit WORD und KYOCERA Laserdrucker
Druck: Peter Drewitzki Offsetdruck, Erlangen
Einband: Buchbinderei Albang, Nürnberg

ISBN 3-926388-12-9

Inhaltsverzeichnis

Babaji

**"Ich bin gekommen, um zu geben.
Seid ihr bereit zu empfangen?"**

Babaji

Wenn immer der Erde große Umwälzungen bevorstehen, greifen Unsterbliche und erleuchtete Meister helfend in das Schicksal der Menschheit ein, um sie vor den kommenden Veränderungen zu warnen, zu schützen und sie zu einem erhöhten Bewußtsein zu führen. In diesem Auftrage wirkte Sri Babaji von 1970 bis 1984. Er lehrte und schulte in dieser Zeit diejenigen, die seinem Rufe folgten und zu ihm kamen.

Babaji lehrte nicht nur einen Schüler, sondern viele gleichzeitig auf allen Ebenen. So machten diejenigen, die um ihn versammelt waren, bei ein und derselben Situation gleichzeit verschiedene Erfahrungen. In diesem Kontext sind die beschriebenen Erlebnisse zu verstehen. Babaji "tanzte" mit mir, doch gleichzeitig mit vielen anderen, so wie Krishna mit 16.000 Gopis, von denen jede meinte, er tanze nur mit ihr.

Dieses Buch ist geschrieben worden für alle, die Shri Babaji nicht persönlich erlebten, sich aber zu ihm als dem universellen Meister hingezogen fühlen, ebenso für jene, die ihm nahestanden, um sich ihrer eigenen Erlebnisse zu erinnern.

Mögen alle Leser seine allgegenwärtige Liebe und seinen immerwährenden Schutz erfahren.

Babaji

Kapitel Eins

"Bist du glücklich?" fragte Babaji. Ich saß im Flugzeug, an dem Fensterplatz, den Babaji mir zugewiesen hatte, eine Reihe hinter ihm. Sprachlos von dem, was sich in den letzten Stunden ereignet hatte, konnte ich nur nikken. "Bist du glücklich?" wiederholte er. Seine schwarzen Augen schauten mich lächelnd an, während die Welt um mich versank. Wie im Traum nahm ich wahr, daß Babaji meine linke Hand ergriff, sie zwischen dem Sitz und der Flugzeugwand durchzog und auf seine Schulter legte. Sanft streichelte ich seinen Oberarm. Die Zeit verstrich. Es war still in mir und um mich herum. Dann, einem Impulse folgend, formten sich auf meinen Lippen die Worte: "Baba, bitte laß mich innerlich deine Stimme vernehmen!" Kaum war diese Bitte ausgesprochen, als sich Babaji mir mit einem klaren und deutlichen: "Ja" zuwandte. Er nahm seinen Turban vom Kopf und reichte ihn mir. Ich sollte ihn während des Fluges auf dem Schoß halten. Draußen flogen die Wolken vorbei. Babaji befand sich in Begleitung von fünf Indern, zwei hatten ihre Ehefrauen dabei, einem Amerikaner und mir auf dem Weg nach Kalkutta. Ein Geschäftsmann hatte Babaji zu einem zwölftägigen Yagna, einer Feuerzeremonie, und einer Pilgerfahrt nach Puri eingeladen. Alle, die ihn begleiteten, waren willkommen.

Hinter Babaji sitzend, dachte ich noch einmal an den vergangenen Tag.

Gestern war ich in Delhi eingetroffen. Die Entscheidung, zu diesem Zeitpunkt oder eine Woche später nach Indien zu fliegen, war mir nicht leicht gefallen. Konnte ich es verantworten, einem jungen Mann, der vorübergehend bei uns wohnte, den Haushalt anzuvertrauen, meine zwei schulpflichtigen Kinder im Alter von fünf und acht Jahren und letztlich meinen berufstätigen Mann? Anderseits gab ich die Verantwortung gern ab, die Aussicht, einige Tage länger bei Babaji zu bleiben, war verlockend. Zudem würde meine Familie einschließlich des jungen Mannes vierzehn Tage später folgen.

Kurz nach meiner Ankunft in der Millionenstadt hatten mich Freunde im Hotel angerufen und mir mitgeteilt, daß Babaji in Dehli sei und morgen nach Kalkutta fliegen wolle. Sie erwähnten gleichzeitig die Aussichtslosigkeit auf einen Platz im Flugzeug, die Asiatischen Festspiele, ähnlich den Olympischen Spielen, gingen morgen zu Ende und Tausende von Menschen würden auf allen verfügbaren Verkehrsmitteln zurück in ihre Heimatstädte strömen.

Wenig später holten mich meine Bekannten auf ihrer Fahrt zu Babaji ab. Es war acht Uhr in der Früh. Delhi wimmelte vor Geschäftigkeit, und der Weg nach Janakpuri, dem Stadtviertel, in dem Babaji vorübergehend wohnte, schien kein Ende zu nehmen. Endlich erreichten wir das Festzelt, das für ihn und alle Besucher errichtet worden war. Als ich vor dem mit bunten Blumengirlanden geschmückten Einlaß meine Schuhe abstreifte, schlug mir ein betäubender Blütenduft entgegen. Ich reihte mich in die Schlange der Wartenden ein, um Babaji zu begrüßen. Er saß etwas erhöht und überblickte die anwesende Menge. Sein Gewand war weiß, die schwarzen lockigen Haare umrahmten sein rundes Gesicht, das unendliche Güte und Liebe ausstrahlte. Mit pochendem Herzen und weichen Knien näherte ich mich

ihm. Als ich schließlich meinen Kopf in seinen Schoß legte, fiel alles Äußere von mir ab, ein mächtiger Sog erfaßte mich. Einem gewaltigen Strome gleich floß er von den Füßen, die Wirbelsäule hinauf, und strömte durch meinen Scheitel in Babajis Hände hinein, die er mir segnend auf den Kopf gelegt hatte. Befreit von Gedanken, Gefühlen, gegenstandslos, stand ich Angesicht zu Angesicht mit der Unendlichkeit, ... entrückt. Wie lange ich so verharrte, weiß ich nicht, jegliches Zeitgefühl war mir verloren gegangen. Ein pochender Finger auf meinem Rücken brachte mich in die Wirklichkeit zurück. Der nächste in der Schlange hinter mir wollte Babaji seine Ehrerbietung erweisen.
"Wo ist dein Sohn?"
"In Deutschland".
"Warum ist er nicht mitgekommen?"
Er muß zur Schule und kommt Mitte Dezember."
Babaji erkundigte sich, welche Klasse er jetzt besuche und wie es meinem Mann gehe. Dabei überreichte er mir eine Handvoll Früchte.

Welche Harmonie im Festzelt! Die Frauen hatten auf der linken Seite Platz genommen, die Männer auf der rechten. Alle Gedanken, alle Augen waren auf Babaji gerichtet. Die Klänge der indischen Instrumente, des Harmoniums, der Trommeln, Zimbeln, Chimtas vermischten sich mit dem Gesang der Menschenmenge. Babajis Sitz glich einem gelben Blumenmeer. Nach indischer Sitte überreichten ihm viele, die seinen Segen erbaten, Girlanden, geflochten aus Tagetes- oder Rosenblüten. Einige Besucher legten sie ihm um den Hals, andere auf die Hände. Manchen bekränzte Babaji mit den Blumen, anderen reichte er Süßigkeiten oder Früchte. Ab und zu spielte er mit einem Kind, holte es zu sich herauf und herzte es oder warf Früchte in die Menge.

Babaji war aufgestanden. Eine Feuerzeremonie, Havan oder Yagna genannt, sollte zu Ehren Gottes im Garten des Gastgebers stattfinden. Diese uralte Sitte des Austausches, des Gebens und Nehmens, ist auf vorvedische Zeiten zurückzuführen, in eine Zeit, in der alle Menschen zu dem Göttlichen noch engen Kontakt hatten. Gottes Gnade läßt das Korn auf den Feldern wachsen. Wir sollten ihm dafür danken und ihm einen Teil unserer Ernte durch das Opferfeuer zurückgeben. Der geschlossene Kreislauf des Gebens und Nehmens gewährt ständiges Wachstum und Gedeihen. Die Flammen loderten hell auf, als Babaji an der Feuergrube Platz nahm. Mir bedeutete er mit einer Handbewegung, hinter ihn zu treten. Eine andächtige Stille herrschte, die Lautsprecher im Festzelt waren verstummt. Nur das Prasseln des trockenen Holzes in der Feuersglut war zu hören, unterbrochen von dem Ruf "swaha" aller Teilnehmenden. Bei jedem "swaha" warfen sie ein Gemisch von Reis, Weihrauch, schwarzem Sesam, Blumen und Nüssen in die Glut, während Babaji das Feuer mit Gaben von flüssigem Butterfett speiste. Gedankenverloren schaute ich in die Glut und horchte in mich hinein. In mir war tiefer Frieden. Ich war glücklich, da zu sein.

Nach dem Havan sagte Babaji: "Komm", ergriff kurz die Hand einer älteren Inderin und meine und führte uns zu einem Auto, das uns zu einigen verschiedenen Familien brachte, denen Babaji einen Besuch zugesagt hatte. Die Gastgeber empfingen ihn ehrerbietig. Abseits vom Menschengedränge konnten sie ihm unter vier Augen ihre Anliegen mitteilen. Eine Hochzeit sollte arrangiert werden, ein Kranker genesen. So oft sie konnten, holten viele seinen Rat für geistige und weltliche Angelegenheiten ein. Babaji hörte aufmerksam zu, nie schien er zu ermüden, unendlich war seine Geduld, seine Güte.

Wir durchquerten Delhi.

"Hast du einen Flugschein und eine Platzreservierung für Kalkutta?" fragte er, indem er sich im Auto auf der Fahrt zu mir umdrehte. "Nein". Ich hatte nicht gewußt, daß Babaji nach Kalkutta fliegen wollte. "Ja, dann ist nichts zu machen, du mußt hierbleiben", übersetzte die Inderin. "O, nein, nimm mich bitte mit!" "Warum denn?" fragte er lächelnd. Er wußte also, daß ich ihn gern begleiten würde. Sollte es sein Wunsch sein, so würde er in Erfüllung gehen, gleich wie die äußeren Umstände aussahen. Im Vertrauen auf Babajis Allmacht verschwendete ich keine Zeit mit einer Platzreservierung oder einem Billetkauf.

Im Hause des Gastgebers angekommen, nahm Babaji nach dem Empfang auf einem prächtig hergerichteten Sessel Platz. Da aber der Farbfernseher in einer Ecke des Zimmers lief, ließen sich bald alle Anwesenden von den Sportfestspielen fesseln. Babaji existierte für sie nur noch im Hintergrund. Wie symbolisch war das für die meisten Menschen unserer Zeit! Das Göttliche wird am Rande wahrgenommen, wenn überhaupt. Ich saß auf dem Boden neben ihm, meine Hand ruhte auf seinem Fuß. Babaji schien mir alles Gegenwärtige einzuhüllen; trotz des Lärmes aus dem Fernseher spürte ich einen inneren Frieden, eine Harmonie sondergleichen. Ab und zu trafen sich unsere Blicke; und ich wunderte mich, daß die Anwesenden sich so leicht von der Illusion des Lebens - hier die im Vergleich zum Weltenlauf unbedeutenden Sportfestspiele - ablenken ließen.

Am nächsten Morgen früh um sieben Uhr stand ich mit meiner eilig zusammengepackten Reisetasche am Flughafen. Als ich mein Ticket kaufte und einen Platz auf dem Flugzeug haben wollte, sagte mir der Flughafenangestellte, es sei aussichtlos, 280 Passiere stünden auf der Warteliste. Ähnlich sei es auf den nächsten Flügen. Ich könnte frühestens in zwei bis drei Tagen fliegen. Diese Auskunft erschütterte mich nicht. Gleichmütig nahm ich sie hin, ich hatte etwas ähnliches erwartet. Babaji würde mich schon mitnehmen. Das erschien mir ganz selbstverständlich.

Unterdessen war Babaji am Flughafen angekommen. Eine große Menschenmenge begleitete ihn, als er, wie ein einfacher Tourist, in der Wartehalle Platz nahm. Mehr und mehr Menschen strömten herbei. Irgendwie gelang es mir, durch das Gedränge in seine Nähe zu kommen. Mein Flugbillet hielt ich in der Hand. Kaum hatte Babaji mich erblickt, als er schon einen der anwesenden prominenten Inder anwies, mir einen Platz in dem Flugzeug zu besorgen. Nach einer Weile kam dieser unverrichteter Dinge wieder. Dieses Hin und Her wiederholte sich zweimal, erschütterte mein Vertrauen aber nicht.

Schließlich wurde der Flug aufgerufen. Babaji erhob sich, um in die Abflughalle zu gehen. Er nahm mein Ticket jetzt selbst in die Hand, lächelte dabei und übergab es einem vierten Inder. Mir bedeutete er, diesem zu folgen. Mit meinem Fluggepäck gingen wir auf den Schalter der Indian Airlines zu. Er war bereits geschlossen. Hinter dem Schalter herrschte großes Durcheinander, ein Gestikulieren und Geschrei. Mein Begleiter mischte sich kurzerhand darunter und ergatterte, ich weiß nicht wie, nicht nur eine Boardingkarte, sondern gleich fünf!

Babaji wartete mit Sri Muniraji, seinem engsten Schüler, und Shastriji, dem alten ehrwürdigen Sanskritgelehrten und Priester in der Abflughalle. Wie ein Fürst aus Tausendundeiner Nacht sah er aus mit seinem gelben Seidengewand, über dem er eine ärmellose in allen Farben schillernde Brokatweste trug. Ein roter Turban schmückte sein Haupt. Frei von jeglicher Beschränkung, unbekümmert wie ein Kind, zog er alles an, was ihm aus tiefstem Herzen geschenkt wurde. Und wirklich, ein Herrscher stand vor mir! Eine gewaltige Kraft ging von ihm aus. Groß, majestätisch, allgewaltig war er der Mittelpunkt der Welt. Einige Reisende in der Abflughalle, die seine Ausstrahlung wahrnahmen, fragten, wer er sei. "Ein Mahavatar," war die Antwort. Viele kamen und beugten die Knie vor ihm oder berührten seine Füße nach indischer Sitte. Segnend hob Babaji jedesmal die Hand.

Mir gab er die Anweisung, am Zeitungsstand "toffees", Karamelbonbons, zum Verteilen zu kaufen, um etwas von dem, was ich erhalten hatte, - die Ermöglichung des Fluges - zurückzugeben. Das göttliche Gesetz des Ausgleichs wurde auf diese Weise befolgt. Wie es kein Einatmen ohne Ausatmen gibt, so auch kein Nehmen ohne Geben.

Nun saß ich hinter Babaji im Flugzeug. Eigenartig, daß die Plätze, die wir in letzter Sekunde erhalten hatten, alle um Babaji's Sitz herum gruppiert waren. Nur der mitfliegende Amerikaner mußte seinen Platz mit einem Mitreisenden tauschen.

Bald war Kalkutta erreicht. Der Flug näherte sich seinem Ende. Nach der Landung würde Babaji keine Zeit für meine Fragen haben. Deshalb mußte ich jetzt die Gelegenheit beim Schopfe greifen. Eine Freundin hatte mir aufgetragen, ihm einen Brief zu überreichen und zu fragen, ob sie auf dem richtigen spirituellen Weg sei. Aus Erfahrung wußte ich, daß ich solche kleinen Freundschaftsdienste und auch meine wenigen persönlichen Fragen immer nur sofort nach Ankunft bei Babaji ausrichten und stellen konnte, später würden sie mir nebensächlich und unwichtig erscheinen; ich würde erst gar nicht mit diesen Ansinnen an ihn herantreten. Welchen Zweck hatte es, die Aufmerksamkeit dem Veränderlichen anstatt dem Beständigen zuzuwenden?

Meine Bekannte war "Gouverneurin" bei Maharishis Transzendentaler Meditation gewesen, kam zu Babaji und fühlte sich zwischen ihm und dem Christentum hin- und hergerissen. Sie folgte nun dem Weg ihres Herzens, wie Babaji ihr riet, und hatte aus diesen drei Lehren das ihr wesentlich Erscheinende herauszogen. Und so fragte ich Babaji, während ich ihm den Brief aushändigte: "Ist der Weg, den sie geht, der richtige für sie?" Babaji nahm das Kuvert in die Hand, schaute hinein und blickte sekundenlang still und unbeweglich vor sich hin. Dann drehte er sich um und wiederholte mehrere Male: "Ist richtig, ... ist richtig!" In dem kurzen Schweigen war mir, als besuche Babaji meine Freundin im Geiste und lese in ihr, wie in einem offenen Buch. *Dieses Gebaren hatte ich schon einmal deutlich an ihm in Haidakhan, dem Ort seines Ashrams in den Himalaya-Bergen, wahrgenommen. Meine Mutter hatte ihm ein kleines Geschenk mitgegeben. Dankend hatte er es entgegengenommen, aber kein Wort dazu gesagt. Viel sprach er nie, nur das Nötigste. Bittend hatte ich gefragt: "Hast du meiner Mutter etwas zu sagen?"*

Und so erlebte ich zum erstenmal, wie Babaji, umringt von vielen Menschen, sein Bewußtsein von der Außenwelt zurückzog, kurz reglos dasaß und sich konzentrierte. Als er wieder zum Leben erwachte, schauten mich seine Augen strahlend an, und er sagte: "Schicke ihr meinen Segen!" Da wußte ich, daß Babaji in die Seele meiner Mutter geschaut und sie für wert befunden hatte.

***

Kalkutta. Mein Gepäck fand ich im Hause des Gastgebers wieder. Die riesige Wohnung, für europäische Verhältnisse überdimensional groß, lag im zehnten Stock eines Hochhauses. Sie bestand aus zwei Etagen, einer offenen Dachterrasse, einer unübersehbaren Zimmerflucht und einem Empfangssaal mit Empore, in dem gut fünfhundert Leute Platz hatten. Die Koffer und Taschen derer, die Babaji auf dem Flug begleitet hatten, lagen in einem Zimmer, das mit einer raumausfüllenden Matratze ausgelegt war. Hier waren wir also untergebracht. Noch während ich meinen Schlafsack ausrollte, mich häuslich niederließ, trafen nach und nach meine Zimmergenossen ein. Es waren sieben Männer, darunter Sri Muniraji, von dem Babaji sagte, er sei nicht mehr dem Geburtenkreislauf unterworfen, und Shastriji. Die beiden Ehefrauen hatten sich in Luft aufgelöst. Bei dem Gedanken an mögliches Geschnarche fielen mir meine Oropax ein, die ich vorsorglich eingepackt hatte, und so wurde die Sorge über eine mögliche schlaflose Nacht schnell verdrängt. Ich war ohnehin übermüdet. Der schlaflosen Nacht im Flugzeug von Deutschland nach Delhi war ein Tag ohne Rast mit Babaji gefolgt, und darauf vier Stunden Nachtruhe bei meinen Bekannten. Zudem machte sich die Zeitverschiebung bemerkbar.

Die Fahrt hierher zu unserer Unterkunft war merkwürdig verlaufen. Sie bestand aus einer Hetzjagd. Niemand hatte mir gesagt, wo Babaji sich aufhalten würde, wo ich unterkommen könnte. Flüchtig hatte mir jemand am Flughafen zugeraunt, ich solle mich nicht um mein Gepäck sorgen und war im Getümmel der Menschenmenge verschwunden, bevor ich meinen Mund öffnen konnte. Babaji selbst war ehrfurchtsvoll mit Blumengirlanden empfangen worden und im Nu mit seinen Gastgebern im Auto aus dem Gedränge und Geschubse der Menschen entschwunden. Ebenso seine Begleiter. Ich selbst sprang in das Auto eines europäischen Schülers - es war ihm und den westlichen Anhängern zur Verfügung gestellt worden - und bat ihn, Babaji zu folgen. Wo er war, würde mein Gepäck auftauchen und ich eine Bleibe finden.

Babaji fuhr nicht sogleich zu seiner Unterkunft, sondern besuchte auf dem Wege dorthin verschiedene indische Familien. Irgendwie gelang es uns, trotz des unübersichtlichen Verkehrs, an seinen Fersen zu bleiben. Endlich gelangten wir zu einem Hochhaus, in dem ich unsere Unterkunft vermutete. Hier war nichts von der üblichen Geschäftigkeit zu bemerken. Eine bleierne Stille lag über dem Haus, in der Babaji mit seinen Begleitern verschwunden war. Ich zögerte einzutreten und wartete in der Eingangshalle der Wohnung. Mir fielen die Bilder eines mir unbekannten Yogis auf und die einer Frau, die in diesem Hause verehrt wurden. Später erfuhr ich, daß hier der bekannte Yogi Sita Ram Dass, der Millionen von Anhängern in Kalkutta und der ganzen Welt hat, im Sterben lag. Als er die Zeit seines Ablebens kom-

men fühlte, hatte er Babaji wochenlang zuvor gebeten, ihm ein letztes Darshan zu gewähren. Da Babaji wußte, daß der letzte Moment noch nicht gekommen war, hatte er ihn vertröstet. Nun saß er an seinem Bett und hatte dem Sterbenden Wasser vom Gautama Ganga, dem heiligen Fluß Haidakhans, mitgebracht und drei Tulsiblätter.

Kurz nach Babajis Besuch verschied Sita Ram Dass. Wenige Tage später beim öffentlichen Darshan ließ Babaji verkünden, daß der Geist dieses großen Yogis in seinen engsten Schüler, Sri Muniraji, eingegangen sei. Jeder mußte sich vor Sri Muniraji verneigen und alle wurden aufgefordert, "Sita Ram Dass Omkar" auszurufen.

***

Die erste Nacht in Kalkutta überstieg meine Befürchtungen. An Schlaf war nicht zu denken. Bis um Mitternacht wurde im Zimmer gesprochen, das Licht brannte, und um ein Uhr, als vorübergehend eine erholsame Stille eingetreten war, hub ein Schnarchkonzert an, das mich - trotz der Oropax - fluchtartig das Zimmer verlassen ließ. Auf der Freiluftterrasse hoffte ich, den langersehnten Schlaf zu finden, doch vergebens. Myriaden hungriger Moskitos überfielen mich... da zog ich doch das Schnarchkonzert vor!

Während der nächsten zwölf Tage, so schien mir, war ganz Kalkutta auf den Beinen, um Babaji zu sehen. Die Gastgeber hatten eine Ankündigung über seinen Besuch samt einem Foto in die Zeitung gesetzt. Zu Tausenden drängten sich die Menschen vom frühen Nachmittag bis spät abends in den Saal hinein, überreichten ihm Blumen, Süßigkeiten, empfingen Babajis Segen und strömten wieder hinaus. Eng aneinander gepreßt standen sie auf der Straße, kilometerlang, die Menschenschlange schien kein Ende zu nehmen.

Mit anderen hatte ich im Saal einen Platz gefunden. Meine Aufmerksamkeit war ganz auf Babaji gerichtet, niemand und nichts konnte mich ablenken. Durch meine Augen nahm ich ihn in mir auf, zog seinen Anblick in meine Seele. Dieses Bild des gütigen Vaters, liebevoll und aufmerksam, wollte ich ewig in mir tragen. Leise stimmte ich in den Gesang mit ein und fragte mich im Stillen, was denn die Leute veranlaßte, zu Babaji zu kommen. Sicherlich hatten nicht alle spirituelle Ambitionen, sondern waren aus Neugier erschienen.

Diesem Gedanken hing ich eine Zeitlang nach. Dann kam die Erklärung in der typischen Art, wie Babaji oftmals Fragen beantwortete. Ich wußte intuitiv, daß, sobald ein Samenkorn benetzt wird, es sich zu regen beginnt. Der Wachstumsdrang in ihm veranlaßt es, sich nach mehr Wasser zu sehnen. Erhält und nimmt es weitere Nahrung auf, gedeiht es und trägt Früchte. Fehlt sie, verkümmert und verdorrt es. Ähnlich ist es mit den Menschen.

Da ich nur Augen für Babaji hatte, bemerkte ich nicht, wie außergewöhnlich es den sittenstrengen Indern erscheinen mußte, daß ich, als einzige Frau, mit so vielen Männern in einem Zimmer schlief. Sie störten mich nicht, ich nahm sie kaum zur Kenntnis. Ich brauchte mit niemandem zu reden, sondern konnte mit mir und meinen Gedanken an Babaji alleine sein. Shastriji, der ehrwürdige sechsundsiebzigjährige Sanskrit-Priester, erschien immer nur tagsüber im Zimmer, las in seinen heiligen Büchern und war ganz in sich gekehrt. Die Nächte verbrachte er in Babajis Zimmer. Sri Muniraji hatte es sich an der mir gegenüberliegenden Zimmerwand bequem gemacht. Auch er vertiefte sich, wenn er nicht bei Babaji weilte, in die heiligen Schriften, vornehmlich der Haidiyakhandi Sapta Sati, einem Gebetshymnus zu Ehren der göttlichen Mutter. Ab und zu warf er mir ein aufmunterndes Lächeln zu und erkundigte sich liebevoll nach meinem Befinden. Die ersten schlaflosen Nächte waren nach wie vor unangenehm. Dieser Zustand änderte sich jedoch schlagartig, als Babaji einmal in das Zimmer kam und sich schweigend für einige kurze Sekunden auf mein Lager stellte. Prompt schlief ich in den folgenden Nächten tief, fest und traumlos.

***

Wie in Haidakhan, dem kleinen Ashram Babajis, in der Kumaon Region des nördlichen Himalaya, begann der Morgen auch hier mit einer Zeremonie, die mich stets tief berührte. Zwischen 4 und 5 Uhr in der Früh trug Babaji jedem, der um Erlaubnis gebeten hatte, Chandan auf die Stirn. Chandan besteht aus einem Gemisch aus Sandelholzpulver und Kampfer. Die Paste wird entweder in drei waagerechten oder drei senkrechten Strichen aufgetragen. Ein roter Punkt aus dem Puder der Kum-Kum Blume kennzeichnet das Stirn-chakra, das geistige, dritte Auge. Das gelbe Chandan hat eine kühlende und reinigende Eigenschaft. Gelb symbolisiert die Weisheit, rot die Liebe.

Die kurzen Augenblicke des Gegenübers mit Babaji, während er Chandan auftrug, bedeuteten mir viel, oftmals waren sie die einzigen am Tage, an denen man ihm so nah war. Nie glichen sie einander. Mal lächelte er oder war geistig abwesend, ein andermal malte er schelmisch zusätzliche Punkte an die Ohren, an die Augenwinkel oder zwickte einem scherzhaft in den Arm oder ins Ohr, wobei jede Geste eine Bedeutung hatte.

Nach dem Chandan gab es Gelegenheit, in den frühen Morgenstunden zu meditieren, oder einen heißen Tee, gewürzt mit scharfem Pfeffer oder Ingwer, Milch und Zucker auf der Dachterrasse einzunehmen. Von dort bot sich ein selten schöner Anblick im Morgengrauen. Kalkutta erwachte. In den Hinterhöfen begannen sich die Menschen zu regen, Kühe erhoben sich schlaftrunken auf dem Straßenpflaster, Palmen wiegten sich im Wind, und eine frische Brise wehte herüber vom Meer.

Beeindruckend war die Lichtzeremonie, Arti genannt, die morgens im Anschluß an die Teepause und abends vor Babaji ausgeführt wurde. Während religiöse Hymnen gesungen wurden, versammelte sich der Hausherr mit seiner Familie vor Babaji. Unter feinem Glockengeläute wurden ihm die Füße gewaschen und gesalbt. Der Duft von Rosenwasser oder Hinnaöl erfüllte den Raum. Es wurden ihm eine Holzperlenkette, eine Blumengirlande um den Hals oder die Hände gelegt und ihm eigens zubereitete süße Köstlichkeiten, barfi genannt, Früchte oder Nüsse offeriert. Babaji nahm etwas von dem Angebotenen und ließ den Rest in der Menge verteilen. Die Ketten, die er durch seine Berührung gesegnet hatte, verschenkte er. Immer waren sie und andere Dinge durch den anhaftenden Segen begehrt und werden stets in Ehren gehalten. Manchen überhäufte Babaji mit Geschenken, anderen wiederum gab er nichts, was bei den Schülern die unterschiedlichsten Reaktion auslöste.

Die Kriterien, nach denen er seine Gaben verteilte, variierten. Es kam auf die Geisteshaltung der einzelnen an. Erwartete jemand nichts, erhielt er im Überfluß, forderte er im Glauben, benachteiligt zu sein, ging er leer aus. Andererseits überhäufte Babaji manchen so lange mit Geschenken oder Aufmerksamkeiten, bis dieser glaubte, bevorzugt zu sein. Steigerte sich dieses Gefühl zur Überheblichkeit, ließ Babaji ihn von einem Tag zum anderen fallen. Er kümmerte sich scheinbar nicht mehr um ihn, bis er seine Einstellung korrigiert hatte. Durch diese Handlungsweise holte Babaji minderwertige Gefühle an die Oberfläche, um sie umzuwandeln. Oftmals war die latente Existenz dieser Gefühle einem selbst nicht bekannt.

Vor Jahren, bei meinem zweiten Aufenthalt - insgesamt war ich zehn Mal bei Babaji - mußte auch ich eine für mich sehr schmerzhafte Erfahrung machen. Schmerzhaft insofern, weil ich mit einem unterschwelligen Gefühl der Eifersucht konfrontiert wurde. Nie zuvor hatte ich damit zu kämpfen gehabt, es war mir fremd gewesen. Doch eines Tages trat es mit einer solchen Vehemenz auf, daß ich meinte, zerspringen zu müssen. Wie die Eruption eines Vulkanes, so ergoß und erschöpfte es sich schließlich, um nie wieder aufzutauchen.

Mein Mann, mein kleiner Sohn und ich waren nach Chilianaula gefahren, um an den jährlichen Navratri-Festlich-

keiten in einem Ashram hoch im Himalaya-Gebirge teilzunehmen. Der Tempel sollte eingeweiht werden. Viele Menschen aus nah und fern waren erschienen, sie wollten gemeinsam mit dem verehrten Meister die zehntägigen Festlichkeiten zu Ehren der göttlichen Mutter begehen. Ein Festzelt schützte die Menge vor der brennenden Mittagssonne. Die schneebedeckten Gipfel des Himalaya leuchteten in der klaren Luft, und das strahlende Blau des Himmels bildete einen wunderschönen Kontrast. Babaji segnete jeden, der zu ihm kam, widmete allen seine Aufmerksamkeit, verwöhnte meinen fünfjährigen Sohn und ganz besonders meinen Mann. Dieser mußte dicht bei Babaji stehen und als Ordnungshüter seinen Dienst versehen. Jedes Mal nach dem Darshan zeigte er mir, was er von Babaji erhalten hatte: ein silbernes Döschen, ein langes Seidentuch, einen runden, glattpolierten Onyx-Stein, ein beigefarbenes Seidenhemd mit passendem lungi, eine Rudraksh-mala und ich weiß nicht, was noch alles. Zuerst freute ich mich mit ihm und seiner Gelassenheit, die Gaben anzunehmen. Dann allerdings begann es in mir zu rumoren. Außer dem üblichen Prasad, gesegnete Speise, wie Nüsse, Bonbons etc. hatte ich nichts erhalten. Es war offensichtlich, daß Babaji meinen Mann mir vorzog. Erschreckt erkannte ich, daß ich eifersüchtig wurde. Wie war das möglich? Ich war meinem Mann zugetan, und wie kann man auf einen Menschen, dem man verbunden ist, eifersüchtig sein? Ich verstand mich nicht mehr, waren mir doch bisher derartige Gefühle fremd gewesen. Als dann auch noch mein Mann wie ein indischer Fürst im langen Seidengewand daherkam und einen Turban auf dem Kopf trug, war bei mir das Maß voll. Ich war kaum fähig, mein Weinen zu unterdrücken, als er mir erzählte, wie er zum Turban auf dem Kopfe gekommen war.

Babaji war von seinem Sitz aufgesprungen, hatte meinem Mann "komm" zugeraunt und war um das Zelt herum, den langen Gartenweg hinunter, in das Haus gegangen, in dem er ein Zimmer bewohnte. Unter all den erhaltenen Geschenken, die dort abgelegt worden waren, befand sich ein Stapel Tücher. Babaji hatte seine Hand seitlich darüber gleiten lassen und schließlich ein fünf Meter langes kleingemustertes Stück Stoff herausgezogen. "Turban, aus Rajasthan", hatte er dazu gesagt. Anschließend war Babaji auf seinen Sitz im Festzelt zurückgekehrt, nicht ohne meinen Mann angewiesen zu haben, sich von Shastriji den Turban um den Kopf wickeln zu lassen.

Die indische Tracht kleidete ihn gut, sie unterstrich die Schlankheit seiner Gestalt, und unter dem Turban schaute ein blondes, bärtiges, feingliedriges Gesicht hervor. Innerlich bekämpfte ich mein Gefühle. Sie hatten keine Berechtigung, meine Ausgeglichenheit durcheinanderzubringen und taten es dennoch mit einer nie erwarteten Stärke. Ich schämte mich. Wie konnte ich mit diesen Gefühlen in der Brust Babaji gegenübertreten? Folglich ging ich nicht mehr zum Darshan, sondern folgte dem Pfad zu der mit Fichten bewachsenen Lichtung hinunter zum klaren Bach. Dort ließ ich mich erschöpft nieder. Ich wußte, daß nur Babaji mir in dieser Situation helfen könne, und flehte ihn innerlich um Hilfe an. Ich bat ihn, mir dieses Gefühl, das mich so unvermittelt angesprungen hatte, für immer zu nehmen, ich wollte es nicht, es erschreckte mich. Ein Abgrund tat sich vor mir auf. Vergessen war, daß mir Babaji bei meinem ersten Aufenthalt in Haidakhan das mir wohl kostbarste Geschenk, einen Armreifen, um das Handgelenk gelegt hatte. Kostbar nicht im materiellen Sinne, sondern im spirituellen. Ein Reif ähnlich den Gliedern einer Kette stellt die Verbun-

denheit, das Aneinander-gekettet-sein dar. Zwei oder dreimal muß ich wohl an dem Bächlein mit blutendem Herzen gesessen haben, bevor eine Milderung eintrat.

Endlich kam der Abend, an dem ich Babaji wieder unter die Augen treten konnte. Als er mir segnend die Hand aufs Haupt legte und mir nickend in die Augen schaute, wußte ich: der Kampf ist beendet! Und von dieser Sekunde an konnte ich die Freude mit meinem Mann teilen. Und nicht nur mit ihm. Wenn immer ich bewußt wahrnahm, daß jemand beschenkt wurde, im großen oder kleinen, verspürte ich dessen Freude in Form von Energieströmen in der Wirbelsäule. Überhaupt verlor dieses Thema zusehends an Interesse; was zählte, war das innere Wachstum und der verinnerlichte Kontakt zu Babaji.

Einmal noch, nach drei Jahren Lehrzeit, überkam mich das Gefühl des "Haben-Wollens", obwohl ich meinte, davon nach dem letzten Erlebnis endgültig geheilt zu sein. Es war auf einer Reise durch Südindien . Wir befanden uns in Baroda, im Staate Gujarat. Babaji hatte in den kühlen Nachmittagsstunden im Garten eines Schülers auf einer Hollywood-Schaukel Platz genommen. Sanft schwang sie hin und her. Viele Menschen saßen auf dem kurzgeschnittenen, saftig-grünen Rasen. Einer nach dem anderen ging vor zu ihm, verneigte sich und überreichte kleine Gaben. Ich saß in der Menge und schaute dem bunten Treiben zu. Beim Arti wurde Babaji ein goldfarbener Sari um den Kopf und die Schultern gelegt. Beim Anblick des Saris, dessen Farbe mir so gut gefiel, obwohl sie für europäische Begriffe recht grell war, rasten mir plötzlich wie wild Gedanken durch den Kopf: Gelb ... die Farbe der Weisheit... wer bekommt wohl den Sari? Ob er ihn mir schenkt? ... Trotz größter Anstren-

gung konnte ich den Gedankenfluß nicht unterbrechen .... Ich will ja keinen Sari, dennoch, er ist so schön... Ob er ihn mir schenkt? ... Plötzlich hörte ich meinen Namen. Babaji rief mich. Mir wurde ganz heiß vor Scham, als ich aufstand, um zu ihm zu gehen. Ich ahnte, weshalb er mich gerufen hatte.

Als ich verlegen vor ihm stand, riß er den Sari mit einem Handgriff von den Schultern und warf ihn mir mit einer heftigen Gebärde in den Arm. Ich hätte im Boden versinken mögen, verstand ich doch diese Geste, mit der er mir sagte: "Gebe ich dir nicht genug? Bekommst du nicht alles von mir, was du willst? Warum mußt du dich an materielle Dinge hängen? Wann wirst du deine Lektion gelernt haben?"
Wie ich auf meinen Platz zurückkam, weiß ich nicht, ich weiß nur, daß ich wochenlang zögerte, den Sari anzuziehen.

Natürlich hat mich Babaji im Anschluß immer wieder geprüft und mich in Versuchung geführt. Er zeigte mir Schmuckstücke und fragte, ob sie echt sein. Jedesmal ging ich dann in mich, um meine Regungen zu überprüfen, doch es regte sich keine Begierde. An Äußerlichkeiten hatte ich jegliches Interesse verloren. Das hinderte Babaji nicht daran, mir eines Tages die Schmuckstücke, die ich begutachtet hatte, zu schenken, sozusagen als Preis für die bestandene Prüfung.

***

Dem Arti folgte ein Yagna. Auf der geräumigen Dachterrasse, auf der leicht zweihundert Menschen Platz hatten, war eine viereckige, rot mit Lehm ausgekleidete

Yagna-Grube gemauert worden. Leichtfüßig wie eine Gazelle sprang Babaji nach dem Arti behend die Stufen zur Terrasse empor und ließ diejenigen, die ihn umringt hatten, überrascht zurück. Im Nu saß er an seinem Platz an der Feuergrube, - flüchtig hatte er mir im Vorbeieilen ein "Komm" zugeflüstert - und gab kurz hier und da eine Anweisung. Die Gastgeberin hatte zu seiner linken Seite Platz genommen, andere Frauen in ihren bunten Saris umringten ihn stehend. Sie legten Babaji die Fingerspitzen auf den Rücken, auf die Schulter, um - da sie nicht selbst die Gaben ins Feuer warfen - auf diese Weise am Yagna teilzuhaben. Rund um die Grube saßen die Männer des Hauses und andere. Sri Muniraji war wie üblich an Babajis rechter Seite und Shastriji rezitierte stehend Mantren aus den Heiligen Schriften. Hell loderten die Flammen auf und züngelten Babaji entgegen, während er flüssiges Butterfett ins Feuer gab. Still war es, man hörte nur das Knistern des Feuers und die Stimmen der Opfernden. Alle konzentrierten sich nach innen, unhörbare Gebete stiegen in den Himmel und erflehten den Segen der Himmelsmächte. Hinter Babaji stehend, versuchte ich das Yagna innerlich nachzuvollziehen und bat darum, von den Flammen gereinigt zu werden, mehr und mehr wollte ich aufnahmefähig sein für das Göttliche. Die Einheit zu erfahren, ganz in ihr aufzugehen, war mein Ziel. Babaji repräsentierte für mich diese allumfassende, unbegrenzte Einheit. Eine grenzenlose Sehnsucht erfaßte mein ganzes Sein.

Tief versunken in diese Gedanken bemerkte ich nur am Rande, daß Babaji nach der Beendigung des Yagnas aufgestanden war und über die Brüstung der Terrasse schaute. Jäh wurde ich aufgeschreckt. Jemand hatte mich angetippt. Ich glaubte, ich solle den Weg freimachen für Babaji. Da jedoch genügend Platz vorhanden war, zuckte ich nur mit den Achseln. Wieder wurde ich angestoßen, diesmal unmißverständlich. Was wollte man von mir? Ich blickte auf und begegnete den schelmischen Augen Babajis, der zu mir herübernickte. Als ich vor ihm stand, drückte er mir den Sari, den er kurz vor dem Yagna erhalten und um den Hals gelegt hatte, in den Arm. Ungläubiges Erstaunen erfüllte mich. "Für mich?" Als ich dann seine Füße leicht mit den Händen berührte, wurde ich von einem Schluchzen geschüttelt. Babaji hatte seinen Fuß auf meine Hand gestellt. Er ließ mich nicht los und die Sehnsucht, die ich innerlich so stark gespürt hatte, floß wie ein Strom in ihn hinein. Als ich mich endlich aufrichteten konnte, zeigte Babaji auf das Ende des fünf Meter langen Saris, das auf dem Boden lag. "Deins" sagte er. Ich hob den Stoff auf. "Deins" wiederholte er und deutete lächelnd auf das andere Ende des Saris. Unter Lachen, während mir die Tränen über das Gesicht kullerten, hob ich auch das zweite Ende auf... Schweigend standen wir noch ein Weilchen beieinander; die anderen, die zuschauten, bemerkte ich nicht.

Welch kostbares Geschenk hatte Babaji mir soeben gemacht. Es war nicht der Sari, er war nur Mittel zum Zweck, um mir sein Versprechen zu verdeutlichen, das besagte: Vieles werde ich dir schenken, ... so viel inneren Reichtum, ... daß du nicht alles auf einmal mit beiden Händen fassen kannst... Richte deinen Blick nur immer auf das Beständige, auf das Göttliche!

Das Yagna lief noch einmal vor meinem geistigen Auge ab. Jeden Tag, insgesamt zwölf Mal, würde er hier oben ein Havan zelebrierten. Ist es Zufall oder keiner - denn Zufälle gibt es im Geistigen nicht -, daß sich in diesem zehnstöckigen Hause, in dem er täglich ein Yagna zelebrierte, ein Versuchslabor der indischen Regierung für Atomenergie befand? Während der letzten Jahre hatte Babaji immer wieder von der kommenden, allumfassenden Zerstörung gesprochen, die auch von Atombomben hervorgerufen werden würde. An einem der Tage war Babaji in das Labor geführt worden, hatte ein Stück Uran, das von den Wissenschaftlern nur unter ganz bestimmten Schutzvorkehrungen bewegt wurde, in die bloße Hand genommen und hatte damit mehrmals den Raum durchquert. Wollte er durch diesen ungewöhnlichen Akt die Auswirkungen der Radioaktivität günstig beeinflussen?

Babaji trat von der Brüstung zurück und setzte sich ein Weilchen auf die Hollywood-Schaukel, die sich auf der Terrasse befand. Später würde er einzelne Schüler besuchen oder einen Ausflug an spirituelle Orte machen. Jeder, der einen Platz in den bereitstehenden Autos bekam, konnte mitfahren. Heute war ein Ausflug nach Dakineshwar geplant und nach Daknath. Dakineshwar ist ein ganzer Tempelkomplex, direkt am Ganges gelegen. Hier lebte Ramakrishna vor einhundert Jahren. Dieser für seine religiöse Toleranz auf der ganzen Welt bekannte Heilige starb 1886. Wie auch Babaji, lehrte er die Einheit aller Religionen, aller Menschen, gleich welcher Farbe, welchen Glaubens und welcher Nationalität. Dorthin ging die Fahrt durch übervölkerte Straßen, vorbei an Wasserverkäufern, widerkäuenden Kühen, eleganten Geschäften an breiten Avenuen, Fahrrädern, geschäftigen Handwerker-Vierteln, Fahrrad-Rikshas, hupenden, überfüllten Bussen, entlang des Ganges mit seinen lehmigen Fluten und menschenleeren Stränden. Eine wohltuende Stille herrschte im Tempel von Dakineshwar. Babaji sprang leichtfüßig treppauf, treppab die Stufen zu den unzähligen Tempeln hinauf und hinab, verharrte in dem einen länger, in dem anderen kürzer. In Ramakrishnas Zimmer zog Babaji sich in eine Zimmerecke zurück, verharrte im meditativen Schweigen.

Dem Tempelbesuch folgte ein Rundgang im Außenbezirk. Jeder hatte Mühe, Babaji zu folgen. Wie er liefen wir barfuß. Es hatte keinen Zweck, Schuhe mitzunehmen. In einen Tempeleingang ging es hinein, zum anderen hinaus. Zeit, die am Eingang abgestellten Schuhe zu holen, gab es nicht. Babaji war fort, ehe man sich versah.

Weiter ging die Fahrt über das Land, vorbei an kleinen Dörfern und Seen, aus denen bisweilen die schwarzen Köpfe der sich abkühlenden Wasserbüffel ragten, nach Daknath, zu einem Kloster. Die dort amtierenden Priester hatten Babaji eingeladen. Nach einem gebührenden Empfang führten sie ihn und seine Begleiter in einer Prozession durch die engen Gassen der Altstadt in den Shiva Tempel, den Männer nur mit bloßem Oberkörper betreten durften. Vergebens hatten die Priester sich bemüht, Babaji dazu zu bringen, sein Hemd abzulegen, und mit entblößtem Oberkörper durch die Gassen zu pilgern. Der Oberpriester, der Babaji zum ersten Mal begegnete und nicht so recht von ihm überzeugt war, hatte darauf bestanden. Es folgte eine lange Diskussion, in deren Verlauf er nicht anders konnte, als Babaji als Mahavatar anzuerkennen. Einige Tage später war er in Kalkutta erschienen und hatte sich Babaji vollends übergeben.

Alle, die Babaji auf der Fahrt begleitet hatten, folgten der Prozession. Babaji stach nicht allein durch sein blaues Seidenhemd aus der Schar hervor. Seine Bewegungen, im Gegensatz zu den der anderen, waren fließend, waren eins mit der ihn umgebenden Welt. Am Tempel, er bildete das Zentrum des Ortes, verschwanden alle Priester und Begleiter nacheinander im Eingang. Babaji verlangsamte seinen Schritt vor Betreten des Tempels, während ich versuchte, ihm zu folgen. Ausländern war der Zutritt verwehrt, was ich nicht wußte. Einer der Priester versperrte mir den Weg. Er hatte mich als Ausländerin erkannt, obgleich ich mir den Sari ins Gesicht gezogen hatte.

Wenn äußere Formen, Richtlinien und Dogmen, von Menschenhand gemacht, den göttlichen Gesetzen widersprechen, fühle ich mich eingeengt; und hier konnte ich mich nicht damit abfinden, als Andersgläubige den Zutritt zu einem Heiligtum - das für jedermann zugänglich sein sollte - verwehrt zu sehen. Die Essenz einer jeden Religion betrachtend, - egal wer, wo und wie man sucht, Hauptsache ist ein Glaube, gleichgültig, wie er genannt wird, - sagte ich zu dem Priester: "Ich bin ein Hindu, laß mich hinein!" Keine Reaktion. Ich spürte nur Abwehr. "Laß mich hinein, ich bin ein Hindu", wiederholte ich mit Nachdruck. Vergebens... Da schaltete sich Babaji ein. Forschend hatte er mich bei diesen Worten angeblickt, was mich wiederum veranlaßt hatte, nochmals in mich hineinzuschauen. Ich war ein Hindu, ich war ein Christ, ich war ein Jude, ein Buddhist! Es gab keinen Zweifel. Und prompt wiederholte Babaji laut, was ich schon ausgesprochen hatte: "Sie ist ein Hindu," und winkte mir, durchzukommen. Ich versuchte, an dem Priester, der sich mir in den Wege gestellt hatte, vorbeizukommen. Aber wie es nun einmal auf der Welt ist, der festgesetzte Glaube, die auferlegten und anerzogenen Schranken hielten auch den Priester gefangen, er ließ mich nicht an sich vorbeischlüpfen. Dabei versperrte er mir mit seinem prallen, hervorstehenden Bauch den Weg. Einem inneren Impulse folgend, zwickte ich kräftig in die oberste Fettschicht hinein. "Autsch!" Überrascht schrie der Priester auf. So etwas war ihm noch nicht vorgekommen. Ich hatte seine Autorität untergraben!

Babaji hatte sich unterdessen umgedreht und war langsam im Tempel verschwunden. Diese Begebenheit bildete den Auftakt zu mehreren hitzigen Diskussionen über Religionen nicht nur zwischen seinen indischen Schülern, sondern auch zwischen Hindu-Priestern.

Babaji betonte immer wieder die Einheit aller Religionen, - die, Flüssen gleich, alle in den großen Ozean münden - und die Gleichheit aller Menschen. Religionsbedingte oder sozial-politische Einschränkungen wie Rassen- und Kastenunterschiede ließ er nicht gelten, sondern fegte sie hinweg. In seinem Ashram saßen Unberührbare neben Brahmanen, arbeiteten nebeneinander im Flußtal von Haidakhan, um Bollwerke gegen den reißenden Fluß zu errichten. Brahmanen, die gemäß ihren Sitten, nur gesondert zubreitetes Essen zu sich nehmen, mußten sich daran gewöhnen, mit allen Anwesenden gemeinsam zu speisen und die Andacht nebeneinander zu verrichten.

Babaji war frei, kein von den Menschen erlassenes Gesetz konnte ihn binden. Er herrschte über alle Naturgesetze, befehligte den Naturgewalten und den Elementen. Die Regenwolken lichteten sich bei einem Fest, das im Freien stattfand, und es fuhr fort zu regnen, sobald es beendet war. Ein ungewöhnliches Ereignis, denn Sturzfluten fielen wochenlang während des Monsuns vom Himmel. Sicher überquerte er barfuß den reißenden, von Geröll übersäten Strom in Haidakhan zur Hochwasserszeit, und niemand kam zu Schaden, der mit ihm ging. Zubereitetes Essen vermehrte sich auf unsichtbare Art, wenn unerwarteter Weise viele Besucher im Ashram eintrafen. Es waren immer die Menschen, die ihm ihre Gesetze auferlegen wollten. In manchen Dingen gab Babaji ihnen nach, wenn sie von ihren Sitten, Gebräuchen und ihrem Denken gefangen waren, und ihr gegenwärtiger Bewußtseinszustand kein erweitertes Verständnis zuließ.

Als Europäerin fiel mir besonders die Rollenverteilung der Geschlechter auf. Von Gleichheit war hier bei den Einheimischen nichts zu spüren. Der eine nahm Vorrechte für sich in Anspruch, der andere wurde in seiner Entfaltung beschnitten. Und so gab es nach indischer Sitte in Haidakhan den Brauch, daß Frauen, die ihre Periode hatten, drei Tage nicht den Tempel betreten, gesondert ihr Essen einnehmen mußten, geschweige denn in Babajis Nähe weilen durften. Man fürchtete, unrein zu werden, und davor wollte man den Tempel und Babaji schützen, der über allen Dingen stand. Welch ein Widerspruch!

***

Nie glich ein Tag dem anderen in Kalkutta. Eines frühen Morgens, die Sonne war gerade aufgegangen, besuchten wir mit Babaji den Kali-Tempel. Dieser Tempel, in der Altstadt gelegen, ist wohl der älteste und heiligste dieser Millionenstadt. In der westlichen Welt ranken sich die schaurigsten Geschichten um Kali, der schwarzen, langzungigen, alles verschlingenden Göttin. Der Name Kal (a,i, mask., fem.) hat zwei Bedeutungen: er steht für die Zeit oder Ewigkeit, und für die Farbe schwarz. Aus der Dunkelheit ging das Licht, die gesamte Schöpfung hervor (siehe Bibel: und es ward Licht) und kehrt durch den Tod, die Auflösung, wieder zu ihr zurück. Alles was existiert, befürchtet das Ende seiner Existenz, deshalb wird Kali, die Schwärze, so schreckenerregend dargestellt. Aber jenseits des Todes und der Zerstörung herrscht die Ewigkeit, und nur, was beständig ist, ist Glück und Freude spendend. So ist die Verehrung dieser Göttin zu verstehen, wie überhaupt jede Gottheit in Indien als ein Aspekt des Einen verstanden wird.

Der Kali-Tempel war überfüllt, eine dichtgedrängte Menschenmenge machte es unmöglich, ihn zu betreten. Einblick jedoch gewährte uns ein hoch gelegenes, kleines Türchen, das der Statue gegenüber lag. Unser Blick fiel auf Babaji. Einem Felsen gleich stand er in der wogenden, sich schiebenden Brandung der Menschenleiber, der Statue gegenüber. Er winkte hinauf, wir sollten durch das Törchen zu ihm hinuntersteigen. Eine Zeitlang richteten wir schweigend den Blick auf Kali. Seit Ewigkeiten schien sie dazustehen, unberührt vom weltlichen Treiben um sie herum. Eine Welle der Kraft ging von Babaji und der Statue aus, die mich fast wanken ließ. Kurz darauf reichte uns Babaji seine Hand, um hinaufzusteigen. Wenig später fuhr er zurück zum Haus, wo ihn Hunderte von Menschen erwarteten. Wir folgten ihm zum Darshan.

In der Halle war noch ein Plätzchen frei. Ich setzte mich und schaute Babaji zu, wie er seinen Segen erteilte. Unter den Anwesenden befand sich ein vor wenigen Stunden angekommener Deutscher. Er stand seitlich neben Babaji zwischen einigen Indern und hielt einen geschlossenen Pappordner in der Hand. Mit einigen Worten überreichte er ihn Babaji. Dieser blickte kurz hinein, klappte ihn nickend zu und rief mich. "Hier ist ein Manuskript, lies es und erzähle mir, was es enthält!"

Wieder auf meinem Platz in der Menge öffnete ich den Ordner und durchflog flüchtig einige kurze Passagen. Plötzlich liefen mir die Tränen übers Gesicht. Hier war eine Seele, die sich langsam dem Göttlichen öffnete und sich, zuerst noch etwas zaghaft, Gott übergab. Der ganze Schmerz ihrer Einsamkeit, ihrer langen Suche und schließlich ihre Glückseligkeit, am Ziel angelangt zu sein, durchflutete mich. Die Bedeutsamkeit, das Kostbare dieser Begegnung, erschütterte mich zutiefst. Bewegt blickte ich zu Babaji hin. Er hatte mich beobachtet und jede meiner Regungen wahrgenommen. Lächelnd nickte er zu mir hin. Was letztlich in dem Manuskript stand, war unbedeutend. Wichtig war die innere Entfaltung des Autors. Als ich endlich Zeit und Muße fand, es gründlichst zu studieren, fand ich meinen ersten Eindruck bestätigt, und vom Autor nach meiner Meinung gefragt, erwiderte ich im Hinblick auf das Essentielle: "Es ist das Schönste, was du Babaji hast schenken können."

Babaji hörte gar nicht zu, als ich ihm den Inhalt bei der nächsten Gelegenheit stichwortartig vortrug. Das überraschte mich nicht; sobald er etwas Geschriebenes in der Hand hielt, kannte er dessen Inhalt. Das Manuskript hatte seinen Zweck erfüllt.

Zurück in meinem Zimmer überdachte ich weitere Erlebnisse, in denen durch Babajis Führung mein Herzchakra geweitet worden war. Wie und wodurch Babaji im Einzelnen an mir arbeitete, weiß ich nicht. Ich spürte nur die Auswirkungen. Waren sie die Folgen seiner in die Tat umgesetzten Lehren? *Beim Karma Yoga im Ashram hatte ich, wie so oft, mit den Steinen gearbeitet. Das Flußtal von Haidakhan ist von vielen großen und kleinen Felsbrocken übersät, von denen Babaji sagte, es seien Seelen. Damals wußte ich noch nicht, daß dichteste Materie, also Fels und Steine, ein ihnen eigenes Bewußtsein haben. Ich hob sie auf und trug sie an einen anderen Ort, wo sie gebraucht wurden. Nicht weit entfernt, rauschte der klare Fluß vorbei, am blauen Himmel strahlte die Sonne, die Steine waren rund und sonnenwarm. Von ihnen gingen wundersame Vibrationen aus, Vibrationen einer ungeheueren Liebe. Sie übertrugen sich von dem Stein, den ich in der Hand hielt, und von all den anderen, die rund herum verstreut lagen, auf mich; es war eine Liebe, so groß und mächtig wie sie unter Menschen nicht zu finden ist. Überrascht hielt ich inne und vertiefte mich in dieses wunderbare Gefühl, das mich durchströmte. Die ganze Schöpfung, einschließlich meines Wesens, der ganze Kosmos schwang, bebte, erzitterte in den Strahlen der Liebe, die allem Sein innewohnt, bei uns Menschen aber verschüttet sind.*

Wie gewaltig mußte die Liebe sein, die Babaji den Menschen gegenüber empfand! Eine Ahnung dieser alles umfassenden Liebe hatte ich soeben erfahren.. Während ich versuchte, in diesem Gefühl zu bleiben, fiel mein Blick auf eine junge Frau neben mir. Sie war gerade aus Deutschland angekommen. Was mag wohl Babaji verspüren, wenn er seine Schüler nach vielen Monaten wiedersieht? Sinnend schaute ich sie an, als ich erneut und unerwartet von einer gewaltigen Liebe ergriffen wurde. Sie durchflutete, vom Herzchakra ausgehend, meinen Körper und hüllte mich und alle, die um mich herum waren, in ein loderndes Feuer ein... Welch eindruckvolle Antwort auf meine Frage, keine andere hätte ich besser verstanden.

Staunend hatte ich die wachsende Sensibilität in mir wahrgenommen. Ich selbst hatte keinen Einfluß auf die Entwicklung und konnte sie nicht steuern, auch die Freiheit nicht, die mit dem Gefühl der Liebe und Freude einherging. Babajis Stimme hatte die Eigenschaft, viele Reaktionen auszulösen. Sie bewirkte Freude, Glück, Traurigkeit, harmonisierte und regte die Yin oder Yang Energie an, je nachdem, welche von beiden einer Stärkung bedurfte. Kurz vor dem Mittagessen saß ich allein mit Babaji auf den Stufen der Tempel, oberhalb der Höhle, in der er bei seinem Erscheinen entdeckt wurde. Er hatte mir seinen Schirm gereicht, ich sollte ihn durch das Flußtal zur Ashramseite begleiten. Etwas seitlich von mir sitzend, fragte er: "Bist du glücklich"? "Ja, so viel", antwortete ich und deutete ihm einen Zentimeter mit Daumen und Zeigefinger an. Innerlich dachte ich: "Richtig glücklich werde ich erst sein, wenn ich deine Stimme in mir höre und vollends eins mit dir geworden bin." "Was," fragte er, "du bist nicht glücklich?" "Doch", wiederholte ich und zeigte ihm abermals mit den

Worten: "So viel" das Maß eines Zentimeters. Leicht war mir die Antwort nicht gefallen. "Geh!", schrie er und schickte mich mit einer wilden Gebärde zum Ashram zurück. Im ersten Augenblick wollte mich ein Anflug von Traurigkeit überfallen, doch verging dieses Gefühlt sofort und machte, noch während ich die Treppen hinunterlief, einer unbändigen Freude Platz, so daß ich laut aufjauchzend durchs Flußtal sprang. Ich bin frei... ich bin frei... jubelte es in mir. Ich war glücklich, richtig überglücklich.

Wie Perlen an eine Kette reihten sich die Erfahrungen, in denen das Herz stärker angesprochen wurde. Sie wurden immer größer und schöner, bis sie schließlich unerwartet in einem sat-chit-ananda Zustand, einem Samadhi, gipfeln sollten. Die Erfahrungen unbeschränkter Liebe füllten eine große Leere in mir aus und schenkten meinem Leben neuen Inhalt, sie lehrten mich, Gott und seine Schöpfung zu lieben. Eine Schöpfung, in der nicht nur das Augenfällige, Prächtige, sondern auch das Unscheinbare, kaum Wahrnehmbare von klarer, reinster Liebe durchdrungen ist.

Wenige Tage nach dem ergreifenden Erlebnis mit dem Manuskript hatte ich mich in mein Zimmer zurückgezogen. Niemand war anwesend, und ich genoß die kurze Ruhepause. Plötzlich steckte ein alter Herr seinen Kopf durch die Zimmertür. Da er mir durch sein Alter und seine bescheidene Art bereits vorher aufgefallen war, bat ich ihn hereinzukommen. Er setzte sich mir gegenüber auf den Boden. Wir wechselten einige belanglose Worte auf Englisch, schwiegen aber bald wieder. In der eingetretenen Stille fragte ich mich, was mich bewogen hatte, diesen unscheinbaren alten Mann in mein Zimmer einzuladen. Ich hatte geglaubt, er sei einsam und fühle sich unter all den Menschen hier im Hause verloren. Bei diesen Gedanken öffnete sich ihm mein Herz. Eine große Liebe strömte ihm und der ganzen Menschheit entgegen. War es Mitgefühl, war es Liebe, Verstehen, daß wir alle dem gleichen Schicksal entgegengehen, ... daß jeder von uns immer und stets allein ist, gleich in welcher Lebenssituation? Der Greis verabschiedete sich still, während die wunderbaren Gefühle langsam verebbten.

Wenige Stunden später ließ Babaji jedermann wissen, daß sich auf dem kahlen Haupte dieses zweiundachzigjährigen Mannes ein Om Zeichen gebildet hatte. Alle sollten es anschauen und sich vor dem Greise verneigen. Dieser saß auf der Erde seitlich von Babaji. Diejenigen, die Babajis Segen empfingen, mußten an ihm vorbeigehen und konnten das etwa zehn Zentimeter große, bläuliche Om Zeichen nicht übersehen. Wie eine Tätowierung leuchtete es auf seinem Kopf. Klar und deutlich stach es aus der leicht gebräunten Kopfhaut hervor, und Tage danach, als wir Kalkutta endgültig verließen, war es noch sichtbar. Später erzählten die Inder in meinem Zimmer, sie seien bei diesem Wunder anwesend gewesen. Zuerst wäre eine rauchartige Substanz aus dem Scheitel des alten Herren gestiegen, worauf sich das Om Zeichen gebildet hätte.

Kapitel Zwei

Babaji war nach Assam eingeladen. Einen Tag wollte er bleiben. Beim Darshan hatte ich ihn wortlos gefragt, ob ich ihn zum Flughafen begleiten könne. Lebhaft hatte er sich auf meine Bitte hin vorgeneigt und nicht nur mit seinem Kopf, sondern mit dem ganzen Körper seine Erlaubnis gegeben. Immer wieder war ich aufs Höchste erstaunt, wenn Babaji so offensichtlich auf Gedanken, lautlose Bitten, reagierte. Bei Zustimmung fügten sich die äußeren Umstände Stück für Stück wie in ein Puzzle ein. So fand ich auch in einem der Autos, die zum Flughafen fuhren, einen Platz. In der Abfertigungshalle setzte sich Babaji auf einen Stuhl und ließ Bonbons an die Neugierigen verteilen, die bald hinzukamen. Manchmal winkte er jemand aus der Menge zu sich heran und sagte ihm einige Worte, die ihn aufhorchen ließen, kannte er doch die Vergangenheit, Gegenwart und Zukunft eines jeden.

"Flug nach Assam... Flug nach Assam" tönte es aus den Lautsprechern. Babaji erhob sich, sein Flug war aufgerufen worden. Ich begleitete ihn zum Abflugsgate. Langsam durchquerte er die Halle und blieb, bevor er durch die Abflugspassage schritt, an einer viereckigen Säule stehen. Ein Einheimischer war hinzukommen. Irgendetwas schien Babaji ihm und mir vermitteln zu wollen, als er uns schweigend betrachtete. Mir wurde sonderbar ums Herz, ergriffen spürte ich wie seine Göttlichkeit meine Seele berührte. Bedächtig nahm Babaji seine Kette ab, faßte sie mit beiden Händen und machte Anstalten, sie mir umzulegen. In diesem Moment streckte blitzschnell der neben mir stehende Unbekannte seinen Kopf vor und schaute Babaji bittend an. Ohne zu zögern, streifte er ihm die Kette über. Diese Geste rührte mich so sehr, daß ich mich vor Babaji verneigte. Er segnete mich, und der Inder ging strahlend vor Glück seines Weges.

Mit einem Taxi fuhr ich zur Unterkunft zurück. Meine Gedanken kreisten um Babaji. Ich war ihm so dankbar, daß ich um ihn sein durfte. Seine Gegenwart erfüllte mich und nahm mich völlig gefangen.

Wie war ich zu Babaji gekommen? *Meine Schwiegermutter hatte mich mit esoterischer Literatur vertraut gemacht. Ich verschlang alles, was mir in die Hände fiel. Danach begann ich, gezielt Bücher über Yoga und spirituelle Meister zu lesen. Insbesondere faszinierten mich die Schriften von Alexandra David Neel, Paul Brunton. Während meiner Stewardessen-Zeit war ich nach Indien geflogen, hatte dort auch Urlaub gemacht, war aber nie einer außergewöhnlich spirituellen Persönlichkeit begegnet. Ramana Maharshi und Ramakrishna hatten es mir besonders angetan, sie inspirierten mich. Ich befestigte sogar ein Bild von Ramana Maharshi über meinem Bett. Solch einen Meister wünschte ich mir. Dann stieß ich in der Universitätsbibliothek auf die "Autobiographie eines Yogi" von Yogananda. Ich befand mich mitten in meiner Magisterprüfung, doch anstatt meine Nase in die Bücher zu stecken, las ich in Yoganandas Werk. An der Stelle, in der beschrieben steht, daß Babaji jeden höre, der in Ehrfurcht seinen Namen ausspricht, schrie ich aus tiefstem Herzen nach ihm; nicht nur einmal, sondern tagelang. Meine Sehnsucht, ihm zu begegnen war so unermeßlich groß, daß sie mir die Tränen in die Augen trieb.*

Zu dieser Zeit wohnten mein Mann, mein Sohn und ich in Tansania. Im Frühjahr planten wir eine Reise nach Indien; wir wollten ein indisches Waisenkind adoptieren. Acht Wochen vor unserer Abreise schickte mir meine Schwiegermutter das Taschenbuch "Babadschi, Botschaft vom Himalaya", von M.G. Wosien. Kaum hatte ich es ausgelesen, träumte ich von Babaji. In dem Traum saß er etwas erhöht auf einem Podest, drei Stufen führten zu ihm hinauf, und sprach durch ein Mikrophon zu unzähligen auf dem Boden sitzenden Amerikanern, von denen ebenfalls jeder ein Mikrophon in der Hand hielt. Ich schaute zu und sagte schließlich in Gedanken: "Wenn du wirklich der bist, für den man dich hält, und willst du mit mir reden, so mußt du dir eine andere Art der Verständigung aussuchen. Prompt kam die Antwort. Babaji schickte mir einen weißen Lichtstrahl, daumendick, ins Stirnchakra, der eine unbeschreibliche Glückseligkeit in mir auslöste, die nach dem Erwachen den ganzen Tag über anhielt. Aufgerüttelt durch dieses Erlebnis, fragte ich schriftlich im Haidakhan Ashram an, ob mein Mann und ich kommen dürften. Postwendend erhielt ich Antwort. Babaji schickte seinen Segen. Wir sollten einen Schlafsack und eine Taschenlampe mitbringen.

Von Dar es Salaam flogen wir im April nach Bombay. Wir hatten Urlaub und schauten uns auf dem Wege in den Norden alle touristischen Sehenswürdigkeiten an. In Haidakhan wollten wir drei Tage bleiben, um auf dem Umwege über Hardwar, Rishikeesh und Deutschland nach Afrika zurückzufliegen.

Doch es kam anders als geplant. Aus drei Tagen bei Babaji wurden drei Wochen, und ich verzichtete leichten Herzens auf meinen Deutschlandbesuch.

Damals hatten wir spät abends, von Delhi kommend, in Haldwani das Kailash Hotel erreicht. Kaum waren wir eingeschlafen, als wir auch schon mit dem Hinweis geweckt wurden, der Jeep stehe bereit. Die Nacht erschien uns so kurz.

Das alterschwache Vehikel brachte uns zum Damm, wo die Straße für Autoverkehr unpassierbar wird. Von dort aus führt ein Fußweg zum Ashram. Sollten wir Pferde nehmen? Nein, wir beschlossen zu wandern. Die Landschaft war so wunderschön, auch wollten wir uns auf das Kommende einstimmen. Hohe Berge unsäumten das Flußtal. Wir maschierten auf steinigen Wegen und überquerten mehrmals zu Fuß den klaren, erfrischenden Gautama Fluß. Wie symbolisch! Die Luft war warm, würzig, und eine eigenartige Stimmung schien über dem ganzen Tal zu hängen. Unbeschwert und fröhlich wanderten wir unserem Ziel entgegen. Es war eine Reise ins Unbekannte, und für mich der Anfang eines Märchens.

Nach zwei Stunden erreichten wir Haidakhan. Die Träger, mit unserem Gepäck auf dem Kopf, deuteten in die Ferne. Im Sonnenschein leuchtete auf einem Hügel ein weißes Gebäude, zu dem viele steile Stufen hinaufführten. Das mußte der Ashram sein. Welch einladender Anblick!

Eine ständig im Ashram anwesende Italienerin kam uns entgegen und führte uns sogleich zu Babaji. Woher sie von unserer Ankunft wußte, weiß ich nicht. Babaji saß in einem

Zimmer des damals einzigen Gästehauses auf einer Matte am Boden. Zahlreiche Deutsche umringten ihn und überreichten ihm einige Mitbringsel. Babaji spielte dabei mit einem etwa achtjährigen indischen Mädchen, das er in die Arme nahm, spielerisch hinter seinen Rücken schob und wieder hervorzog. Als wir eintraten, blickte er uns freundlich an. Seine Augen waren das Erste, was mir an ihm auffiel, sie strahlten wie Sterne, waren zwingend und voller Güte und Liebe auf uns gerichtet. "Woher kommt ihr? Woher wißt ihr von mir?" übersetzte die Inderin, mit deren Tochter Babaji spielte, und fügte eigenmächtig hinzu: "Nun begrüßt ihn endlich!" Da alle Anwesenden auf dem Boden saßen, hatten wir uns auf die Knie nieder gelassen, etwa einen Meter von Babaji entfernt. "Das tun wir doch bereits", dachte ich, während ich Babajis Fragen beantwortete. Noch nie hatten wir vor jemanden gekniet. "Ihr könnt fragen, was ihr wollt", hörte ich ihn sagen. "Später, nicht jetzt", entgegnete ich. "Wir sind zu erschöpft von dem Weg, um einen klaren Gedanken fassen zu können." Nach einer Weile hatte ich mich gesammelt und fragte, während Babaji die Geschenke der anderen langsam auspackte: "Wie soll ich meditieren?" "Wiederhole ständig Om Namah Shivay und konzentriere dich dabei auf das Stirnchakra", lautete die Antwort. Anschließend wies er uns an, auf dem Flur des Hauses unser Lager aufzuschlagen. Der Ashram quoll über. Jedes Zimmer war überfüllt, auf den Dächern, in der Kirtanhalle schliefen die Menschen. Sie waren zur Einweihung eines Tempels gekommen und zum Frühlings-Navratri-Fest.

Mit Religion hatte ich nichts im Sinn, sie ist nur für schwache Charaktere gedacht, glaubte ich, und hatte seit meiner Hochzeit keine Kirche mehr betreten. So beobachtete ich mit einem völkerkundlichen Interesse die religiösen Gebräuche der Inder. Sie waren mir fremd, aber anziehend und interessant.

Bald begann Babajis Präsenz auf mich zu wirken. Bei den morgendlichen und abendlichen Andachten, in denen er immer zugegen war, mußte ich unaufhörlich weinen. Am zweiten Abend unserer Anwesenheit sagte Babaji, in der Dämmerung im Garten sitzend, zu meinem Mann: "Morgen mußt du gehen!" "Ja, warum denn?" fragte er überrascht zurück. "Rücke ins Licht, damit ich dich besser sehen kann!" entgegnete Babaji. Nachdem er ihn eingehendst betrachtet hatte, meinte er, er dürfe bleiben, er hätte ihn vorher nicht so richtig sehen können.

Eine Schweizerin zog mich am selben Abend zu Babaji hin. Intuitiv hatte ich Babajis Göttlichkeit gespürt und aus Scheu nicht gewagt, während des offiziellen Darshans vor ihn zu treten. Zwei Tage hatte dieses Gefühl mich in Bann gehalten, endlich war es überwunden.

In der Zwischenzeit war mir aufgefallen, daß es unter den Neuankömmlingen Sitte war, Babaji eine kleine persönliche Gabe zu überreichen. Ich hatte nichts mitgebracht, war mir dieser Brauch doch fremd. Süßigkeiten, Früchte etc. konnte ich im Ashram kaufen. Es war mir nicht genug. Babaji hatte meine Seele berührt, das wollte ich ihm auch äußerlich zeigen. Was konnte ich ihm schenken? Es mußte etwas sein, woran mein Herz hing. Mein Diamantring, mit Smaragden besetzt, fiel mir ein. Mühsam hatte ich das Geld zusammengespart und ihn in Ägypten gekauft, wo wir damals lebten. Einer der Smaragde war auf der Reise durch Indien herausgefallen, ich hatte ihn ersetzen und den Ring reinigen lassen. Ja, das war genau das Richtige für Babaji. Ihm wollte ich alles schenken, mein Innerstes drängte mich dazu.

Wenig später kniete ich im blühenden Garten in der Dämmerung vor ihm und bot ihm auf meiner Handfläche den Ring an. "Was ist damit?" Vorsichtig nahm Babaji ihn in die Hand. "Er ist für dich!" "Für mich?" Prüfend schaute er mir ins Gesicht: "Das ist gut ... das ist sehr gut!" Wie stolz war ich, als er den Ring an seinen kleinen Finger steckte. Der Diamant und die Smaragde funkelten im Schein der Kerosinlampe, die unterdessen aufgestellt worden war.

Zu meiner großen Freude trug Babaji den Ring zwei Tage. Am dritten Tag saß er mit einigen Schülern im Zimmer einer eleganten und wohlhabenden Inderin. An unserem Ankunftstage hatte er mit ihrer Tochter gespielt. Ich kam auch hinzu und bemerkte zu meinem Entsetzen meinen Ring am Finger dieser Frau. Hatte Babaji ihn doch tatsächlich weiterverschenkt! Den Aufruhr in meinem Herzen kann ich nicht beschreiben. Am liebsten wäre ich hinausgestürmt. Immerhin war ich nach den wenigen Tagen in Babajis Nähe so weit, daß ich zur Beruhigung Zuflucht zum Mantra Om Namah Shivay (Herr, dein Wille geschehe) nahm, das Babaji als immerwährendes Herzensgebet empfiehlt. Babaji saß seelenruhig da und warf mir ab und zu einen Blick aus seinen Augenwinkeln zu. Schließlich schenkte er mir, als Antwort auf den Tumult in mir, ein soeben gemachtes Polaroid-Photo, das ihn mit warnend erhobenen Zeigefinger zeigte.

Innerlich beschäftigte mich diese Begebenheit dermaßen, daß ich mit der Inderin über meine Gefühle sprechen mußte und auch darüber, welches Opfer mich der Ring gekostet hatte. Sie hörte mir zu und entgegnete schließlich selbstsicher: "Ja, aber wem, außer mir, hätte er den Ring schenken sollen?" Diese Antwort erhellte mir den Sinn dieses Geschehens. Sie hing am Materiellen und mir wurde die Lehre erteilt, nicht im Vergänglichen verhaftet zu sein.

Den Abschluß dieser Begebenheit bildete ein Traum, in dem Babaji meinen gesamten Schmuck in einen Wassergraben warf! Mit dieser Geste befreite er mich in der Realität von der Anhaftung an ihn, obwohl ich hin und wieder gern Schmuck trage.

Viele Jahre waren seit diesem Erlebnis verstrichen, die anfängliche Scheu Babaji gegenüber hatte sich in tiefe Hingabe und Liebe verwandelt.

***

Am Nachmittag des nächsten Tages sollte Babaji zurückkehren. Seine Abwesenheit hatte sich unter den Besuchern herumgesprochen. Der Tag verlief ruhig. Mir Kalkuttas touristische Sehenswürdigkeiten anzuschauen, wie ich es früher, während meiner Stewardessen-Zeit, getan hatte, kam mir nicht in den Sinn. Ich wollte nicht von Äußerlichkeiten abgelenkt werden. Die innere Konzentration auf Babaji und die ständige Wiederholung des Mantras Om Namah Shivay erforderte große Anstrengung und Willenskraft. Babaji sagte, dieses Mantra sei stärker als tausend Atom- und Wasserstoffbomben. Tag und Nacht solle es im Geiste wiederholt oder gesungen werden. Derjenige, der es verinnerlicht hat, ist beschützt, sogar die tödlichen Atomstrahlen können ihm nichts anhaben.

Oft habe ich die Wirkungen des Om Namah Shivay auf der Traumebene verspürt. Immer, wenn mir negative Energien schaden wollen, nehme ich Zuflucht zu dem Mantra. Nie hat es versagt. So träumte ich in dieser Nacht, als Babaji in Assam weilte, von einem kahlgeschorenen Mann, der mich gedanklich beherrschen wollte. An einem Türpfosten gelehnt, stand ich ihm gegenüber. Er fixierte mich mit stechenden Augen und ich spürte seine Gedankenkräfte. Die Vibrationen dieser Energie hämmerten auf mich ein. Ich konterte mit dem Mantra Om Namah Shivay, worauf sich ein mentaler Kampf entspann. Bald war ich am Ende meiner Kräfte, ich schien dem Mann nicht gewachsen zu sein und wollte fast aufgeben. Da bemerkte ich, wie sich in letzter Sekunde die dem Mantra innewohnende Kraft sammelte und sich verdichtete. Zusehends gewann ich bei jedem Om Namah Shivay, das ich dem Gegner entgegen schleuderte, an Stärke. Es pumpte mich voll, und bald war ich so prall gefüllt wie ein Gummiball. Ich begann zu federn, zu hüpfen und nahm immense Formen an... wie Superman. Der Mann verkraftete diese Schwingung nicht und löste sich in Nichts auf.

Ein andermal befand ich mich im Traum in einem früheren Leben irgendwo im Orient. Religiöse Kämpfe überzogen das Land. In einem Dorf wurden alle Männer, Frauen und Kinder aus ihren Lehmhütten auf die engen Gassen getrieben und mit Dolchen niedergemetzelt. Auch mich packte jemand, warf mich auf die Erde und wollte mich erstechen. Lautlos wiederholte ich bei diesem Geschehen Om Namah Shivay, Om Namah Shivay. Prompt hielt der Mann, der mich umklammerte, in seiner Bewegung inne und durchstieß bewußt nicht meinen Körper, sondern nur meine Kleider. Dann ließ er mich unverletzt liegen und entfernte sich.

***

Die Stunden ohne Babaji waren unausgefüllt, leer. Sie vergingen nur langsam, und ich sehnte seine Ankunft herbei. Babaji sollte noch am gleichen Abend wenige Stunden nach seiner Ankunft mit dem Zug nach Puri weiterreisen. Tage zuvor hatte er fragen lassen, wer ihn begleiten wolle. Der Amerikaner, der mit uns von Delhi geflogen war, und ich hatten uns als einzige Ausländer gemeldet. Einer der Inder sollte mir auf Babajis Geheiß eine Liegewagenkarte besorgen. Dazu hatte ich meinen Paß und meine Devisen-Umtauschbescheinigung abgegeben. Als Babaji abends reisefertig das Haus verlassen wollte, hatte ich weder meine Papiere noch meine Platzkarte in den Händen. Im Hause befanden sich alle in Aufbruchstimmung; es herrschte großes Durcheinander wie im Bienenstock. Würde ich mit dem Zug mitfahren können? Ich wußte es nicht, bezweifelte es aber nicht. Schließlich, buchstäblich in letzter Sekunde, wurden mir die Papiere übergeben.

Ein Taxi brachte uns zum Bahnhof. Babaji war vorweg gefahren. Howrah Station, der Hauptbahnhof von Kalkutta, ist eine Sehenswürdigkeit indischen Lebens. Ganze Familien kampieren auf den Bahnsteigen, schlafen und kochen dort, bis sie einen Zuganschluß haben. Die Wagen der dritten Klasse sind hoffnungslos überfüllt, ganze

Menschentrauben sitzen auf den Zugdächern oder hängen an den Waggontüren. Tee-, Wasserverkäufer, fliegende Händler mit ihren Bauchläden und schreiende Gepäckträger tummeln sich im Gedränge der unzähligen Menschen. Und mitten in dem Gewühl saß Babaji - eine Insel des Friedens - vor den Gleisen auf einem Klappstuhl. Seine Schüler umringten ihn im Kreis und bildeten einen Puffer gegen die Neugierigen. Als er dann aufstand, folgte eine große Menschenschar. Zeitungsverkäufer, Schuhputzer, Polizisten, Bahnbeamte begleiteten ihn zu seinem Abteil, nicht um ihn zu schützen, sondern um seinen Segen zu erhalten. Wer er war, hatte sich in Windeseile herumgesprochen.

Mein Liegewagen befand sich im gleichen Waggon wie Babajis Abteil. Nachdem ich mein Gepäck abgelegt hatte, ging ich zu ihm, da er mich hatte rufen lassen. Er stand vor dem Fenster - alle Fenster dieses Zuges waren vergittert -, sprach hier und da ein Wort zu den einfachen Leuten auf dem Bahnsteig und steckte ihnen Bananen und Süßigkeiten zu. Bittend streckten sie ihre Hände nach mehr gesegneter Speise aus, schubsten und drängten sich. Jeder wollte einen letzten oder ersten Blick auf Babaji werfen und etwas von den Köstlichkeiten erhaschen.

Die Gastgeberfamilie hatte ein gemütliches Bett im Abteil hergerichtet. Bei Abfahrt des Zuges saß Babaji darauf und hatte seine Füße auf einen Schemel gelegt. Liebevoll streckte er sie mir entgegen, ich sollte sie massieren. Jemand gab mir Rosenöl, und so glitten meine Hände leicht über Babajis Zehen. Die Haut war weich, die Fußsohlen wiesen keinerlei Risse auf, obwohl er barfuß ging. Wieder spürte ich einen starken Kraftstrom, der von seinen Füßen, besonders von dem großen Zeh ausging. Dieses Phänomen erstaunte mich jedes mal neu.

Bei einem Winteraufenthalt in Haidakhan war es mir eines Nachmittages sehr kalt geworden. Babaji hatte mich rufen lassen. Er saß mit anderen in einem Raum und legte mir die Füße auf die Knie. Ich sollte sie massieren. Wortlos sträubte ich mich, meine Finger waren klamm und kalt. Durch Anheben und nochmaliges Hinstrecken seines Fußes forderte er mich erneut dazu auf. Kaum hatte ich seine Zehen berührt, als meine Hände durch die von ihm ausgehende Energie wohlig warm und schließlich knallrot vor Hitze wurden.

Früh am Morgen erreichten wir Puri. Der Zug war durch urwaldartige Gegenden gefahren, Seen, Palmen, undurchdringliches Dickicht flogen vorbei. Die Natur schäumtc im Überfluß, verschwenderisch brachte sie das Leben hervor. Ich konnte mich nicht sattsehen und Ehrfurcht vor der vielfältigen, nimmer endenden göttlichen Schaffenskraft erfüllte mich.

Am Hauptbahnhof verließ Babaji sein Abteil. Zwei Schüler stützten ihn rechts und links. Er war mit seinem Bewußtsein in einer anderen Wirklichkeit und wäre davongeschwebt, hätte man ihn nicht gehalten. Wie oft ist mir dieses Phänomen aufgefallen. Wenn er morgens in Haidakhan an seiner Feuergrube saß, war er körperlich mehr abwesend als anwesend. Er schien aus einer feinstofflichen Substanz zu bestehen. Und immer dauerte es geraume Zeit, bis er sich gefangen hatte.

Puri ist eine der vier heiligsten Städte Indiens und liegt an der Ostküste im Staate Orissa, am Golf von Bengalen. Verbringt der gläubige Hindu hier drei Tage und drei Nächte, so sagt die Überlieferung, wird er aus dem Geburtenkreislauf erlöst. Viele Pilger bevölkern deshalb diese Stadt.

Der Gastgeber hatte ein großes Haus gemietet, in dem ebenfalls die mit dem Bus nachkommenden Schüler untergebracht werden sollten. Bei Sonnenuntergang wollten sie im Meer baden mit anschließender Feuerzermonie am Strand.

Ein reinigendes Bad im Ozean bei Puri wurde als besonders segensreich angesehen. Mit gewaltiger Kraft schlugen die Wellen auf den flachen, sandigen Strand. Zögernd setzten einzelne ihren Fuß in die Brandung, andere stiegen forsch unter den aufmunternden Blicken Babajis hinein. Als die blutrote, riesenhafte Sonne sich ins Meer senkte, legte Babaji seine Arme auf Sri Munirajis und Shastrijis Schultern. Diese ergriffen ebenfalls zwei Schüler und so fort, bis sich eine lange Menschenschlange gebildet hatte, die Schulter an Schulter in die Fluten stieg. Es wurde gelacht und gescherzt, als sie wankend, aber unauflöslich miteinander verbunden, den starken Wellen trotzten. Wie symbolisch! Der Starke stützt den Schwachen im tosenden Lebensstrudel!

Unterdessen war eine Grube in den Sand gegraben und mit Holz aufgefüllt worden. Nachdem Babaji und alle anderen trockene Kleidung angezogen hatten, wurde das Feuer entfacht. Früchte, Blumen, Weihrauch und Butterfett fielen in die hell auflodernden Flammen. Die untergegangene Sonne verfärbte den Horizont mit kräftigen Farben. Welch herrliches Schauspiel!

***

Wer war Babaji, der den Menschen so viel Ehrfurcht, Liebe, Hingabe inspirierte? "Ich bin der Meister von niemandem, und doch der Meister aller Meister" hatte er gesagt. Und: "Ich bin niemand und nichts. Dieser Körper hat keine Bedeutung, ich bin nur wie der Spiegel, in dem du dich siehst. Ich bin wie Feuer. Bleib' nicht zu weit weg, sonst kannst du keine Wärme verspüren. Doch komme nicht zu nahe, um dich nicht zu verbrennen!

Eine Eigenart des Menschen ist, alles Existierende klassifizieren und katalogisieren zu wollen. Die Einordnung in bestimmte Kategorien erleichtert scheinbar den Umgang mit den Dingen. Auch Babaji sollte so eingeordnet, um begriffen zu werden. "Bist du der Babaji aus der "Autobiographie eines Yogi" von Yogananda?" wurde er immer und immer wieder gefragt. Seine einmalige Zustimmung reichte nicht aus, jeder wollte diese Antwort persönlich aus seinem Munde hören. Babaji wird in diesem Buch als Mahavatar, ein göttliches Wesen ohne menschliche Geburt, aus sich selbst erschaffen, geschildert, der sich von Zeit zu Zeit zum Wohle der Menschheit inkarniert.

Auch ich sollte ihm eines Tages diese Frage stellen. Eine ältere Dame aus Berlin, die schon dreißig Jahre der Yogananda-Bewegung angehörte, hatte mich innigst darum gebeten. Als ich ihm diese Bitte vortrug, schaute er mich zwingend an und sagte: "Ist meine Anwesenheit nicht

Beweis genug? Warum müßt ihr euch mit Buchstabenwissen aufhalten?"

Wißbegierige legten sensitiven und hellsichtigen Menschen Fotos von Babaji vor. "Er besitzt ungeheure Macht und unglaublichen Einfluß", lautete eine Antwort, "er unternimmt unzählige Astralreisen. Sein Körper hat sich viele Male aufgelöst, und sein Gesicht vermittelt mir den Eindruck, als bestehe es nicht aus gewöhnlichem Fleisch und Blut. Seine Zusammensetzung ist anders als die unsrige... es sieht aus, als sei er eine hohle Statue, eine Form, ohne richtiges Fleisch und Blut! Ja, ich habe den starken Eindruck, daß er nicht aus Fleisch und Blut besteht, er ist vielmehr eine Illusion, eine Kraft, eine Schwingungskraft... eigenartig. Er hat eine enorme Konzentration und es scheint, als sei eine Statue zum Leben erweckt worden. Er hat den Anbeginn der Schöpfung gesehen, aber nicht in dieser Gestalt. Er liebt die Blumen und die Vögel. Sie kommen zu ihm, und er kann die Tiere zähmen. Er ist ein großer Rebell und gegen alle Konventionen und eingefleischte Situationen, er ist weder orthodox, noch gehört er einer speziellen Religion an. Er sendet Strahlen aus und fast jeder, der zu ihm kommt, wird geheilt..."

"Er gleitet von einem Bewußtsein zum anderen, hat viele Missetäter entlarvt und arbeitet im Hintergrund durch andere Menschen. Alle Ebenen sind durch ihn stark beeinflußt worden. Er ist eine sehr alte Seele und ist vielmals auf Erden erschienen. Seine Ausstrahlung ist außergewöhnlich; in manchen Fällen hindert sie unerwünschte Menschen, sich ihm zu nähern. Seine Aura gleicht einem elektrischen Feld, von dem sich manche abgestoßen fühlen. Er ist ein Perfektionist, nichts ist ihm perfekt genug. Er ist kein echter Inder, ... gehört keiner bestimmen Rasse an... er könnte alles sein. Er hat kein Verlangen nach Ruhm.... er ist nicht stofflich, kann aber stoffliche Schwingungen annehmen."

Die Frage, wer Babaji ist, erschien mir belanglos. Sein liebevolles Wesen, sein ungeheures Wissen, seine unbegreiflichen Lehrmethoden zogen mich an. Er konnte nicht von dieser Welt sein. Welcher Mensch war einer derartigen überirdischen Liebe gegenüber aller Kreatur fähig?

Ich erlebte ihn im Flugzeug, im Schlafwagen, als Tourist mit Reiseführer, in einer von Menschenhand gezogenen Riksha, im Auto, im Bus. Viele Bewußtseinszustände bis hin zu kosmischem Bewußtsein habe ich miterleben dürfen. Meine Liebe und Dankbarkeit ihm gegenüber ist gewaltig. Und dennoch ist er mir ein Rätsel. Ständig ist er in Bewegung, ein riesiges Kraftpotential. An sich denkt er nicht, nicht einen Augenblick. Ein Wort, ein Blick, eine Geste löst sofortige gezielte Reaktionen aus: Glück, Betroffenheit, Lachen, Weinen, Hoffnung, Verständnis, Unverständnis. Er ist überall und nirgends, kennt die Sehnsüchte eines jeden und erfüllt sie.

Der Gastgeber hatte vorgeschlagen, am kommenden Morgen den bekannten Jagannath Shiva Tempel aufzusuchen. Hier sind über sechstausend Gläubige als Priester, Tempelwärter und Führer tätig. Zwanzigtausend Menschen werden täglich verpflegt; zum großen Teil bestehen die Einkünfte aus den Gaben und Spenden der Pilger.

Mit dem Bus fuhren wir in die Nähe der beeindruckenden Tempelanlage. Babaji stieg in eine der Rikshas und fuhr davon. Wir folgten. Vor dem Tempel herrschte ein gewaltiges Gedränge und Getümmel. Unzählige Bettler belagerten Babaji, als er aus dem Gefährt stieg. Seine Begleiter umringten ihn und formten einen schützenden Wall. Jeder hatte Mühe, nicht umgestoßen zu werden. Die Leiber der Bettler bildeten eine undurchdringliche Mauer. Um hindurch zu kommen, warfen die Schüler händevoll Almosen in die Menge. Gierig stürzten die Menschen sich darauf und machten so Platz für uns. Babaji war zum Eingang durchgedrungen, - grob hatten die Tempelwächter mir den Eingang verwehrt - machte aber wieder kehrt. Es war unmöglich, unbehelligt den Tempel zu betreten. Die Bettler rannten der Riksha, die mit Babaji davonfuhr, hinterher. "Maharaj" schrien sie, "Maharaj" und versuchten, sich an an das Gefährt und an Babajis Arme zu klammern... Irgendwo auf dem Wege ließ er halten und verteilte Almosen. Dem einen gab er reichlich, dem anderen zögernd, in dem er bedächtig jede Münze umdrehte, andere verscheuchte er, diesen oder jenen segnete er.

Wenige Stunden später erschien eine Abordnung von Priestern in unserem Haus, um Babaji ihre Aufwartung zu machen. Sie hatten gesegnete Blumengirlanden aus ihrem Tempel mitgebracht und hängten sie jedem Anwesenden um. Auch mir wollten sie eine Kette um den Hals legen. "Nein," sagte ich, "behaltet eure Ketten, ich will sie nicht!" Ihre scheinheilige Art empörte mich. Als Ausländerin hatte ich den Tempel nicht betreten dürfen, sollte aber ihre gesegneten Blumengirlanden tragen. Ein englisch sprechender Inder, der mir zur Seite saß, erklärte den erstaunten Priestern mein Argument.

Die Unterhaltung war leise geführt worden. Babaji, der in einer anderen Zimmerecke von Schülern umlagert wurde, hatte mich nicht hören können, dennoch rief er mich zu sich.

"Setz dich!" forderte er mich auf und ließ mir sagen, es habe ihm mißfallen, wie die Menschen mich zum Tempeltor hinausgedrängt hätten. Liebevoll legte er mir dabei die Hand aufs Haar.

Seine Worte lösten eine heftige Diskussion über Religion zwischen den Priestern und Babajis Schülern aus. Sie versuchten, einander lautstark zu übertönen. Endlich, als das Wortgefecht zu hitzig wurde, griff Babaji ein.

"Alle Menschen sind gleich", sagte er. "Zwar gibt es äußerliche Unterschiede, die Rassenmerkmale, dennoch sind alle Menschen gleich. Sie sind Kinder desselben Schöpfers."

Wieder entbrannte die Diskussion, die Babaji mit einer ungewöhnlichen Geste beendete: Langsam und bedächtig nahm er mein dunkelblondes Haar in seine Hand und verknotete es mit dem pechschwarzen Haar einer Inderin. Es war, als vollzöge er eine heilige Handlung.

Nach dem Essen, das in der kleinen Küche des Hauses zubereitet worden war, legte ich mich zum Ausruhen hin. Am Nachmittag sollte die Rückfahrt im Bus nach Kalkutta stattfinden. Sie würde die ganze Nacht dauern. Ich hatte mir einen freien Platz in der Nähe eines Zimmerdurchganges ausgesucht. Die ungewohnte Hitze, Babajis Gegenwart und die ständige Konzentration auf ihn hatten mich ermüdet. *Gestern abend war mir erneut aufgefallen, wie stark Babajis Ausstrahlungen sein konnten. In der Dämmerung hatte ich auf dem Balkon der Villa gestanden und durch die hochgewachsenen, schlanken Palmen aufs Meer geschaut. Eine plötzliche Hitzewelle schreckte mich aus meiner meditativen Betrachtung. Wärmend wie Sonnenstrahlen hüllte sie mich ein. Als ich mich forschend nach der Ursache umdrehte, erblickte ich Babaji, der hinzugetreten war.*

Ich mußte wohl eine viertel Stunde tief und fest geschlafen haben, als ich von einer Dusche kalten Wassers, die mir mitten ins Gesicht fuhr, jäh aus meinem Schlummer erwachte. Erschreckt fuhr ich hoch und erhaschte gerade noch die flüchtige Bewegung Babajis, der in dem angrenzenden Zimmer verschwand. Kaum war er meinen Blikken entschwunden, als er vorsichtig durch den Türrahmen lugte. Er lächelte verschmitzt und amüsierte sich offensichtlich über mein kurzes Erschrecken.

Ein Inder, der die Begebenheit verfolgt hatte, erzählte mir, Babaji hätte eine ganze Weile zu meinen Füße gestanden, habe mich betrachtet und dreimal laut gepfiffen, um mich aufzuwecken. Ich hätte jedoch nicht reagiert. Schließlich habe er um ein Glas Wasser gebeten, das er mir dann schalkhaft ins Gesicht gekippt hätte.

Dieser Bericht erschütterte mich innerlich durch seine Symbolik, steht er doch gleichbedeutend für das Verhalten der Menschheit. Der Schöpfer ruft seine Geschöpfe auf ganz subtile Art. Hören sie nicht, ruft er stärker, wie Babaji mit seinem Pfeifen, und fahren die Menschen fort, ihren Traum der materiellen Welt zu träumen, dann werden sie durch kalte Güsse - durch Leid und unangenehme Erfahrungen - zum Aufwachen gezwungen, gerade so wie ich.

Ähnliches hatte Babaji eines Tages meinem Mann in Haidakhan gezeigt. Nur diente hier ein Tier als Demonstrationsobjekt. Im Ashram befand sich ein kleiner Tempelhund, mit dem er spielen sollte. Das Tier war jedoch knurrig und unwillig. Schließlich setzte mein Mann den Hund auf Babajis Geheiß auf das Wellblechdach einer Bauhütte. Dort fühlte sich der Hund gar nicht wohl, er war ängstlich und wollte hinunterspringen, was ihm nicht gelang. Nach einer Weile kam er zögernd aber freiwillig in die Arme meines Mannes zurück. Babaji lachte dazu. Dann mußte mein Mann den Hund zwischen die Zeltplanen der Bauhütte setzen. Dort war der Hund noch ängstlicher und sprang sofort wieder in die rettenden Arme.

Wenige Tage später erinnerte mich ein Traum erneut an das Erlebnis, in dem mir Babaji Wasser ins Gesicht geschüttet hatte. Ich lehnte mich im dichten Menschengewühl an eine Mauer und schaute in die Menge. Auf einmal stand Babaji vor mir - ich hatte ihn nicht kommen sehen - und er fragte mit leiser Stimme: "Ist denn niemand hier, um mich zu empfangen?"

Wir saßen im Bus und fuhren nach Kalkutta zurück. Auf der zwölfstündigen Reise besuchten wir den imposanten

Konarak Tempel, die eindrucksvollen Überreste eines Sonnentempels, der auch wegen seiner Jahrhunderte alten Patina "schwarze Pagode" genannt wird. Der Tempel ist auf einen riesigen Sonnenwagen gestellt, mit unzähligen behauenen Steinrädern. Niemand weiß genau, warum der Tempel erbaut wurde. Babaji ähnelte sehr einem chinesischen Touristen mit einem Bambushut auf dem Kopf, als er um die grandiose Tempelanlage ging. Von einem Führer ließ er sich die Sehenswürdigkeiten erklären, hörte scheinbar interessiert zu und wies mit seinem Stock hier und dort hin. Welche Komik! Bestimmt hatte er ein größeres Wissen als der Führer.

Im Bus saß Babaji mal vorn beim Fahrer, mal bei uns. Wieder erlebte ich ihn im sat-chit-ananda Zustand. Sein Gesicht leuchtete und strahlte Göttlichkeit aus, seine Bewegungen waren fließend, schlangenartig, ohne Widerstand. Er war durchsichtig, durchlässig, schön wie ein Gott. Ich konnte mich nicht satt sehen. Mal klatschte er in die Hände, dann lachte er, ging strahlend durch die Reihen, lehnte sich mal über jenen, mal über diesen. Stand ein Schüler auf, setzte er sich auf dessen Sitz. Unermüdlich war er aktiv. Woher hatte er seine Energie? Schließlich nahm er in der ersten Reihe Platz, - ein Inder legte sich ihm zu Füßen, - kam zur Ruhe, schlief aber nicht, sondern versank wachend in ein anderes Bewußtsein. Es sah aus, als meditiere er. Der Unterschied zwischem ihm und seinen schlafenden Begleitern, die ermüdet in ihren Sitzen hingen, war gewaltig.

Zwei Stunden nach Mitternacht erreichten wir Kalkutta. Während ich todmüde auf mein Lager fiel, gab Babaji wie jeden Morgen Chandan und empfing dann Tausende von Menschen. Ganz Kalkutta schien anzustehen, um ihn ein letztes Mal vor seiner Abreise nach Dehli zu sehen.

Kapitel Drei

In Delhi wurde Babaji mit viel Hallo empfangen. Mein Mann und mein Sohn waren ebenfalls da, um ihn zu begrüßen. Heute war Babaji Gast bei einem Parlamentsmitglied. Als er am Flughafen in den Wagen stieg, zog er meinen Sohn dicht neben sich und bedeutete meinen Mann, auch einzusteigen. Ich folgte mit Freunden.

Ein Kapitel des Märchens ging zu Ende. Voller Dankbarkeit dachte ich an die vergangenen Wochen, an die Wochen, in denen ich ihm so nahe sein durfte. Acht Mal war ich bereits bei ihm gewesen, nie hatte ich länger als einen Monat bleiben können. Die Erzählungen anderer, die drei bis sechs Monate bei Babaji weilen konnten, hatten in mir ebenfalls den Wunsch erweckt so lange in seiner Nähe bleiben zu dürfen. Irgendwie fühlte ich mich benachteiligt. Die anderen hatten keine Familie, keine Verpflichtungen. Bei diesem Gedanken hingen meine familiären Bindungen wie schwere Ketten an mir. Ich war gefesselt, nicht mehr frei. Babaji hatte in mir die Sehnsucht nach dem Vollendeten, dem Göttlichen wachgerufen. Um ihm näher zu kommen, forderte er, als Vertreter dieser Macht, das Letzte von seinen Schülern: die Aufgabe von Wünschen, die Überwindung von Körper und Verstand, so wie er von mir immer Pflichterfüllung gegenüber meiner Familie gefordert hatte. Erst, wenn auf diesen Gebieten keine Widerstände mehr vorhanden sind, kann das Göttliche vollends durch uns wirken. Babaji fordert, gibt im Austausch aber verschwenderisch auf allen Gebieten, den geistigen und den materiellen.

Wir saßen im Taxi und befanden uns auf dem Weg nach Haldwani, der nächst größeren Stadt vor Haidakhan. Die letzten drei Wochen würden wir im Ashram verbringen. Ein Holländer in unserer Begleitung erzählte unbekümmert von seiner weiteren Visumsverlängerung von sechs Monaten. Alle Sehnsucht, deren ich fähig war, einmal ebenso lange bleiben zu dürfen, stieg in mir hoch. Wie eine Flamme schlug sie mir über dem Kopf zusammen. Zudem packte mich ein ungeheueres Sehnen nach dem göttlichen Licht, daß mir vor lauter Herzensweh die Tränen über das Gesicht liefen. Im Augenblick des höchsten Schmerzes hupte ein Auto auf der linken Seite von mir. Babaji fuhr vorbei, und machte mit seiner aus dem Fenster gestreckten Faust eindeutig aufmunternde Zeichen. Ich sollte nicht den Mut verlieren.

Unser kleiner Sohn saß vorn bei ihm. Unterwegs hatten wir Wasser in den Tank gefüllt. Babaji war vorbeigefahren, hatte kurz angehalten, und den Kleinen zu sich geholt. Wie wohl er sich bei ihm fühlte!

Das allererste Mal waren wir ohne ihn nach Haidakhan gefahren. Wir wollten den Fünfjährigen keinem gesundheitlichen Risiko aussetzen. Nach Tansania zurückkehrt, bedauerte ich nachträglich diesen Entschluß. Kein Lehrmeister der Welt konnte ihm beibringen, was Babaji lehrte. Der Wunsch, das Beste für mein Kind zu tun, veranlaßte mich, ihn Babaji in der Meditation zu übergeben. Inständig bat ich ihn, ihn als seinen Sohn anzunehmen und sich um seine geistige Entwicklung zu kümmern.

Ein halbes Jahr später fuhren wir abermals, aber zu Dritt, nach Haidakhan. Es war meine Absicht, so lange in Indien zu bleiben, bis die Gerichte uns ein zweijähriges Waisenkind, ein Mädchen, zur Adoption freigaben. Die Rechtsprechung war bereits im Gange. Für den Kleinen war die gesamte Indienreise ein Abenteuer, besonders die mehrmaligen Flußüberquerungen bis Haidakhan, auf dem Rücken eines Trägers.

Damals stand Babaji unten am Fluß, als wir ankamem. Heute befindet sich dort das Dhuni, die Feuerstelle, - und gab Anweisung, wo Blumen und Gemüse angepflanzt werden sollten. Als wir uns ihm näherten, blickte er auf und rief dem Kinde zu: "Komm!" So schnell ihn seine kleinen Beine tragen konnten, lief er zu Babaji, packte dessen Hand und wich ihm nicht mehr von der Seite. "Dies ist mein Sohn!" erklärte Babaji und gab ihm einen indischen Namen. Diese Äußerung überraschte mich nicht, ich empfand sie als ganz natürliche Folge meiner in der Meditation ausgesprochenen Bitte.

Die Reise nach Haldwani war beendet. Wir verließen das Taxi, um nach Haidakhan weiterfahren. Die Fahrt im Lastwagen dorthin wird mir immer im Gedächtnis verankert bleiben, ebenso alle anderen Augenblicke, die ich mit Babaji allein verbrachte. Es waren die schönsten Momente meines Lebens.

Wir waren am Damm angekommen. Viele Schüler hatten Babaji nach seinem langen Kalkutta-Aufenthalt in Haldwani erwartet und wollten zusammen mit ihm in den Ashram zurückkehren. Da der niedrige Wasserstand des Flusses die Überquerung per Auto erlaubte, hatte ein

Fuhrunternehmer zwei Lastwagen zur Verfügung gestellt. Ich stand schon auf der Ladefläche des einen inmitten des Gepäcks und der vielen Kisten, als Babaji meinen Namen rief. Ich sollte mich mit meinem Sohn zu ihm in die Fahrerkabine setzen.

Der Lastwagen holperte über die steinige Piste. Ab und zu ergriff Babaji meine Hand, drückte sie und schaute mich lächelnd an. Bei jeder unsanften Bewegung des Gefährts stießen unsere Schultern aneinander. Ich bemühte mich, gedankenleer, ganz auf ihn einzugehen, ihn innerlich und äußerlich zu spüren und versuchte, im Geiste eins mit ihm zu werden. Sein Gesicht war meinem ganz nah, als er mit der rechten Hand den blauen Horizont, die umliegenden hohen Berge, den klaren Fluß und den vor uns fahrenden Lastwagen mit den vielen Menschen bezeichnend, in einer Bewegung einschloß und sagte: "Ich liebe... ich liebe." Gerade wollte ich fragen: "Du liebst was?", als mir klar wurde, daß er die gesamte Schöpfung meinte. Er liebte das ganze Universum mit all seinen Wesen und Dingen, den belebten und scheinbar unbelebten. Ich war so glücklich und erfüllt von Babajis Nähe und wünschte mir, daß diese Fahrt niemals enden würde. Prompt blieb unser Gefährt mitten im Fluß stekken! Unter dem Gejohle der Schüler auf dem vorderen Lastwagen, der mühelos die Furt überquert hatte, versuchte unser Fahrer mal im Rückwärts- mal im Vorwärtsgang aus der Klemme herauszukommen. Einige flache Steine vor die Räder gelegt, beseitigten das Hindernis.

Bald war Haidakhan erreicht. Wie üblich wurden wir wie in all den Jahren einzeln im "Indian House" untergebracht. Dort stand ein Zimmer zu unserer Verfügung. Selbst wenn meine Familie nicht anwesend war, wurde ich von Babaji bis auf wenige Ausnahmen, dort einquartiert, so, als würde ich in Klausur gehalten.

Am Abend beim Arti war unser Sohn sehr müde, Babaji hatte ihn zu sich auf die Schaukel geholt, wo er in seinem Schoß einschlummerte.

***

Nun befanden wir uns in Haidakhan. Das kleine Dorf liegt auf einer Anhöhe und überschaut das breite Tal, durch das sich der Gautama Fluß windet. Es ist von urwaldartig bewachsenen Bergen umgeben, in denen wilde Tiere hausen. Zwei Kilometer aufwärts entspringt der Gautama Fluß einer Quelle. Weißes Geröll füllt das Flußtal aus, zwischen den runden Steinen wächst hier und da ein Ginsterstrauch.

Haidakhan ist seit Jahrtausenden als Heiligtum bekannt. Es ist zur Zeit der heiligste Ort auf Erden, ein Ort der Kraft für alle Menschen, gleich welchen Glaubens oder welcher Rasse. Jeder, der hier meditiert und Gott im tiefem Gebet verehrt, so sagte Babaji, wird von seinen seelischen und körperlichen Gebrechen und Leiden geheilt. Auch erlangt derjenige die Erlösung, der an dem im Garten befindlichen Dhuni,- es ist durch göttliches Bewußtsein belebt -, geistige Disziplinen übt. Babaji, der wußte, daß mir das Dhuni ohne seine Gegenwart nicht viel bedeutete, schickte mich einmal, als wir am Fluß standen, mit der Bemerkung: "Geh zum Dhuni, um Darshan zu erhalten" zur Feuergrube. Auf diese Weise ließ er mich an seinem für alle Menschen gültigen Versprechen - die Erlösung am Dhuni zu erlangen - teilhaben.

Der Gautama Fluß fließt in unzähligen Windungen durch das Tal. Im Monsun ist er reißend, die starke Strömung macht ihn unberechenbar. Zu anderen Zeiten sind seine Wasser niedrig und zu Fuß leicht zu überqueren. Der Ashram breitet sich zu beiden Seiten des Flußtales aus. Auf der einen befindet sich der Haupttempel mit dem Ashram und den Unterkünften, auf der anderen liegen die Tempelanlagen und die Höhle, in der Babaji 1970, im tiefsten Samadhi sitzend, gefunden wurde.

Das trinkbare Wasser des Gautama Flusses ist rein und klar und hat eine ähnliche Zusammensetzung wie das Wasser des Ganges. Jahrelang kann es in Behältern aufbewahrt werden, ohne zu faulen. Es gilt als heilig. Ein Bad in seinen Fluten reinigt nicht nur den Körper, sondern auch Seele und Geist.

In Haidakhan war Babaji immer inmitten seiner Schüler zu finden. Nie sonderte er sich ab oder hielt Distanz. Seine physische Nähe gab ihnen positive Impulse und machte sie aufnahmebereit für hohe Schwingungen und Gedankenübertragung. Intuitives Begreifen als Wachstumsprozeß fördert das Lauschen auf den inneren Meister oder das höhere Selbst, und so schulte er die Anwesenden, in Übereinstimmung mit den göttlichen Gesetzen zu handeln. Oft benutzte er andere Mitmenschen als Sprachrohr. Im Gespräch lösten sich aktuelle Fragen und auftauchende Probleme. Die Welt der Gefühle und die der Gedanken wurden angesprochen; beide Ebenen sollten gereinigt werden. Dazu nahm er, wie ein Lehrer Anschauungsmaterial, alle wirksamen Techniken zu Hilfe. Vordergründig stand der Symbolismus in der Sprache, in Handlungen und Situationen. Daraus resultierende Erkenntnisse drangen tief und unvergeßlich in das Unterbewußte ein, denn sie setzten gründliches Nachdenken und Verstehen voraus.

Symbolischer Art waren die Überquerungen des hohen, reißenden Stromes mit Babaji, die Anweisung, jemandem über den Fluß zu helfen oder ihn gar alleine zu durchwaten. Diese Handlungen waren gleichzusetzen mit gefahrenvollen Momenten im Leben, die bewältigt werden müssen. Sie stärkten das Selbstvertrauen, gaben Mut. Manchmal glaubte man, durch die kraftvollen Stromschnellen oder durch den Lebensstrudel fortgerissen zu werden. Gezielte Konzentration auf das Göttliche, auf das Mantra Om Namah Shivay halfen und helfen über jegliche Schwierigkeiten hinweg, nicht nur in Haidakhan, sondern auch im Alltag, überall.

Manchmal ließ sich Babaji in der Trockenzeit von einigen Schülern auf dem Rücken durch niedrige Flußstellen tragen. Zwei oder drei andere kamen jedesmal hilfreich hinzu. Sie ergriffen Babaji an den Armen und Beinen, stützten einander und erleichterten durch gemeinsame Arbeit die "auferlegte Last". Diese Episoden erinnerten mich an die Legende des Heiligen Christophorus, der, mit einem Kinde auf dem Rücken, das Wasser durchschreitend, fast zusammenbricht und mitten im Schreiten inne wird, daß er den Herrn der Welt trägt... Auch mein

Mann trug Babaji mehrmals barfuß auf sein Geheiß über spitze Steine; den bequemen Gehweg mußte er meiden.

Was bedeuteten diese Handlungen? Immer stand eine zu tragende Last im Mittelpunkt. Gebückt mußte mein Sohn, ein Reittier spielend, vor Babaji herlaufen, der ihn mit einem Taschentuch symbolisch angetrieb. Manchmal wurde ihm ein Kissen oder ein Beutel auf den Rücken gelegt. Bei anderen Gelegenheiten wurde er auf Babaji Geheiß von Schülern Huckepack herumgetragen. "Nandi Baba, Nandi Baba", rief Babaji ihm dann zu. "Nandi" ist das Reittier eines indischen Gottes. Er steht für Hingabe, Kraft und Stärke, "Baba" für den der Welt entsagenden Mensch.

Im Traum nahm ich an diesem Geschehen teil. Babaji schritt neben mir durch das Flußtal. Aufrecht gehend, trug er einen Sack auf den Schultern. "Warum trägst du so schwer?" fragte ich, "gib mir die Last!"... Nach dieser Aufforderung legte er mir den Sack auf. Er war leicht... Mir schien es, als übertrage Babaji uns allen durch diese symbolischen Handlungen ein gewisses Maß an Verantwortung, Verantwortung für uns, unseren Nächsten und den geistigen Fortschritt der Welt.

***

In Ashram wurde viel körperlich gearbeitet. Karma Yoga, selbstlose, Gott geweihte Arbeit, ist ein wichtiger Bestandteil in Babajis Lehren. "Die Welt ist vergänglich. Dauerhaftigkeit könnt ihr nur durch uneigennütziges Handeln erreichen; es führt den Menschen zu Gott und gibt ihm Befreiung." lauteten seine Worte.

Über Monate hinweg trugen die Schüler einen Berg mit Pickeln und Spaten ab, um eine waagerechte Fläche im bergigen Gelände für die Tempel- und Gartenanlage zu schaffen. Mangels passender Werkzeuge wurden die Erde und die Steine mit den Händen aufgeklaubt, in runde, flache Blechschalen gefüllt und einen Abhang hinuntergekippt. Selten bekam jemand Risse oder Schwielen, und die Arbeit unter Babajis Führung machte Freude und förderte das Gefühl der Kameradschaft und Einheit aller.

Neben diesen Tätigkeiten wurden Bollwerke aus Felsblöcken gegen den schäumenden und reißenden Fluß errichtet. Jedes Jahr werden sie erneuert, ebenso die Wege, denn der Gautama Fluß ändert im Monsun seinen Lauf. Ein riesiger Garten wurde angelegt. Welch Wunder, die Pflanzen in der steinigen, unfruchtbaren, ausgelaugten Erde wachsen zu sehen! Babaji liebte Blumen und Pflanzen. Oft wies er darauf hin, keine Knopsen abzupflücken und Blüten nur, wenn es unbedingt erforderlich sei; niemals jedoch in der Dämmerung oder in der Dunkelheit. Pflanzen als bewußte Lebewesen fühlen und reagieren auf Gedankenkräfte, erleiden Angst und Todesschmerz. Die Pflanzen im Garten wurden täglich begossen, wobei das Wasser aus dem Fluß geschöpft und in Eimern von Hand zu Hand weitergereicht wurde. Diese Arbeit dauerte zwei bis drei Stunden des Vormittags.
Die Pflanzen brauchten viel Feuchtigkeit in der Hitze. Sie erhielten entweder einen halben Eimer Wasser oder nur einen Viertel, je nach Größe. Babaji ging durch die Reihen der Gewächse, blieb hier und dort stehen und

kam zu mir herüber. Er stand ein Weilchen neben mir und schaute zu. Dann nahm er mir einen gefüllten Eimer aus der Hand, schüttete das Wasser auf eine Pflanze und sagte: "Gib alles!... Verstehst du?" Ich hatte verstanden. Ich sollte uneigennützig durchs Leben gehen und zuerst an andere denken und mich ganz und gar vergessen! Tage später griff er dieses Thema nochmals mit den Worten auf: "Verschenke deinen letzten Sari", als ich mich um einen jungen, leicht erkrankten Inder kümmern mußte.

Bei der Arbeit achtete Babaji sehr auf innere und äußere Disziplin. War er in den ersten Jahren leichter zufriedenzustellen, so änderte sich dieses in der letzten Zeit. Wer trotz Ermahnung nicht pünktlich morgens um sechs Uhr zur Andacht erschien oder verspätet zur angesetzten Arbeitszeit, wurde aus dem Ashram verwiesen. Eine Zeitlang hatte er mir die Aufgabe übertragen, in der Frühe von Zimmer zu Zimmer zu gehen, um nachzuschauen, wer pünktlich zum Arti erschien. Manchmal fragte mich Babaji nach den Namen derjenigen, die ich in den Zimmern antraf, um sie wegzuschicken. Auf meine Bitte, doch nicht gar so streng zu sein, konterte er mit einem Lächeln: "Schweig, sonst kannst auch du gehen!"

Die Aufgabe, von Tür zu Tür zu gehen, rief die unterschiedlichsten Reaktion bei den Schülern hervor. Die meisten fühlten sich in ihrer Persönlichkeit verletzt, verteidigten sich mit den Worten: Sie wüßten selbst, was sie zu tun hätten... oder ihre "innere Stimme" hätte ihnen gestattet, eine Ausnahme zu machen. Wie leicht ist es, das Ego und die Selbstsucht mit der inneren Stimme zu verwechseln, wenn etwas Unangenehmes gefordert wird!

In dieser Zeit fiel es mir schwer, mit den negativen Schwingungen, die mir bei solchen Aufgaben entgegenprallten, fertig zu werden. Besonders hart erschienen mir die Tage, in denen ich, neben Babaji auf einer Anhöhe stehend, den Arbeitenden zurufen sollte, daß die Arbeit beendet sei, sie aber um 15.30 Uhr wieder aufgenommen werden müßte. Ich spürte förmlich die Gedanken derjenigen, die mich beneideten. Sie glaubten, ich würde bevorzugt. Dabei erhielt jeder Einzelne, gleich in welcher Situation, die Schulung, die er benötigte. Gern hätte ich die negativen Gedankengänge in positive verwandelt, mir war oftmals so jämmerlich zumute, als ich hinter Babaji zum Tee-shop herging. Das Gefühl der Abwehr, der Gedanke, daß es viel leichter ist, Anordnungen zu befolgen, als zu erteilen, hüllte mich wie ein dichter Nebel ein. Doch Babajis Nähe gab mir Kraft, und die nächsten Tagen waren weniger schwer. Ich lernte, mich nicht um die Gedanken anderer zu kümmern, sondern das zu erfüllen, was mir aufgetragen wurde. Ich bin nur mir verantwortlich, meinem inneren Selbst, anderen brauche ich keine Rechenschaft abzulegen.

Bisweilen fragte ich mich verwundert, warum ruft Babaji mich so oft? Oder, warum beschenkt er mich? Waren diese Aufmerksamkeiten eine Falle? Darauf wollte ich nicht hereinfallen. Das Leid, daß ich damals in Chilianaula erfahren hatte, war eine wirksame Lehre gewesen. Ich war nicht mehr und nicht besser als andere,... nur eines der unzähligen Sandkörner dieser Erde. Was die Geschenke betraf, so sagte ich mir, er schenkt sie ja nicht meiner äußeren Person. Die ist unwichtig. Er beschenkt den göttlichen Kern eines jeden. Gibt er es dir oder mir, so macht es keinen Unterschied, wir alle empfangen gemeinsam. Mit diesen Überlegungen war das Thema für mich erledigt. Als Konzequenz konnte ich mehr und mehr Zeit mit Babaji verbringen.

Die physische Arbeit stärkte Körper, Seele und Geist. Der Blutkreislauf, alle Organe wurden angeregt. Stellte sich am Ende eines Tages Ermüdung ein, so war der Geist aufnahmefähiger für höhere Schwingungen: die inneren Sperren nahmen ab. Spürte man während der Arbeit einen Tiefpunkt, so ließ Babaji prasad, gesegnete Speise, verteilen, oder aber rief einzelne zu sich, um sie durch seine Gegenwart zu stärken. Eines Vormittages, auf der Tempelseite, als ich etwas erschöpft Steine in eine Schale füllte, rief mich Babaji: "Komm und iß!". Er saß auf einem großen, weißen, runden Felsen und hatte nichts Eßbares bei sich. Ich setzte mich zu seinen Füßen nieder und wußte, daß er mir geistige Nahrung zukommen ließ. Schweigend saßen wir da und schauten über das Flußtal in die Ferne. Nach einer Weile erhob er sich und ging fort.

Babaji war sehr wortkarg, daher war alles, was er sagte, bedeutungsvoll. "Alle Worte sollen vergehen", erklärte er, "nur nicht das Mantra Om Namah Shivay." In den seltensten Fällen werden Worte und Gedanken positiv gebraucht, man benutzt sie, um über andere zu reden, zu urteilen, sich selbst herauszustellen. Gedanken übertragen sich und werden vom Unterbewußtsein wahrgenommen; schlimmer noch, sie kehren wie ein Bumerang im verstärkten Maße zurück. Darum ist Gedankenbeherrschung von größter Bedeutung, und in Babajis Nähe lernte ich sie.

***

Babajis Schwingungen hatte ich in der ersten Zeit unserer Begegnung oftmals als konzentriertes Vibrieren wahrgenommen, das sich auf alle Körperzellen übertrug. Stand ich vor ihm, so zitterte ich am ganzen Leib, von Kopf bis Fuß, und kein noch so starker Wille konnte es unterbinden. Später, als er mich vermehrt an seine Nähe gewöhnte, änderte sich die Wahrnehmung. Mir wurde leicht schwindelig im Kopf, es machte sich eine leichte Benommenheit bemerkbar, so, als befinde ich mich kurz vor dem Eintauchen in eine tiefe Meditation. Dieser Zustand trat hauptsächlich morgens während des Darshans auf, wenn ich in Babajis Nähe saß, verlor sich jedoch immer bei Arbeitsbeginn. Es war, als schaffe körperliche Tätigkeit einen Ausgleich, ein Gleichgewicht. Während dieser Zeit fragte mich Sri Muniraji, wie es mir gehe. "Ich bin in letzter Zeit ein wenig schlapp." "Ja, ja,... Babaji gibt dir neue Gesundheit" entgegenete er. Später bei meinem letzten Aufenthalt verschwand dieses Phänomen und machte einer starken Konzentration, gänzlich auf Babaji gerichtet, Platz. Er wurde zum Gegenstand meiner Meditation und Kontemplation.

Viele konnten die hohen Schwingungen Babajis und Haidakhans auf die Dauer nicht ertragen. Sie erkrankten und litten an Durchfall oder eiternden Wunden. Diese körperlichen Störungen waren eine notwendige innere Reinigung. In diesen erzwungenen Ruhepausen konnte die Seele sich mitteilen und eine Klärung der inneren Unstimmigkeiten bewirken. Im allgemeinen blieben die seelisch Ausgeglichenen kerngesund, nicht so die Labilen, die schwankenden Gefühlsausbrüchen unterworfen waren.

Oftmals griff Babaji ein und heilte auch. Einen deutschen Rechtsanwalt mit einem durch Radioaktivität verkrüppelten Fuß, der jahrelang vergebens von Arzt zu Arzt gelaufen war, befreite er von seinen unerträglichen Schmerzen und ließ ihn wissen, er sei geheilt, wenn er glaube. Eine Dame, hüftleidend und hinkend, verließ den Ashram beschwingt gehend wie ein junges Mädchen. Bei ihrem Abschied hinkte Babaji. Er hatte die Krankheit auf sich genommen. Meinem fünfjährigen Sohn, der auf der Terrasse in Babajis Beisein an einer Eisenstange geturnt hatte, legte er beruhigend die Hand aufs Haupt, nachdem er von der Stange gefallen und mit dem Hinterkopf auf dem Betonboden aufprallt war. Weinend hatte er sich Babaji in die Arme geworfen. Die Beule, die sich sogleich gebildet und das Ausmaß eines Hühnereis angenommen hatte, verschwand sofort nach seiner Berührung.

Manche Schüler, die momentan in ihrer Entwicklung stecken blieben, oder nichts mehr aufnehmen konnten, wurden mit allen möglichen Begründungen fortgeschickt. Ein volles Gefäß muß erst entleert werden, bevor es erneut gefüllt werden kann. Viele Tränen wurden vergossen, wenn Babaji einen Schüler mit dem Wort: "Fahre heim!", nach Hause schickte. "Warum gerade ich?" wurde gefragt. Manche, die diese Aufforderung nicht akzeptieren konnten, beharrten darauf, zu bleiben. Bei einigen lenkte Babaji ein, anderen gegenüber war er unerbittlich.

Einige Neuankömmlinge durften den Ashram nicht betreten. Sie übernachteten außerhalb in einer Strohhütte, die sonst als Tee-shop diente. Am folgenden Tag wurden sie fortgeschickt. Oft waren es Leute, die aus Neugier die verschiedensten Ashrams besuchten. "Du machst Guru-Shopping! - Geh!", sagte Babaji zu ihnen.

***

Erst vor wenigen Tagen waren wir mit Babaji, aus Kalkutta kommend, in Haidakhan eingetroffen. Es war kurz vor Weihnachten. Viele Vorbereitungen wurden getroffen, um Tausende von Menschen zu verpflegen und unterzubringen. Auch die Schüler bereiteten sich innerlich auf die Festtage vor. Babaji hatte die Anordnung zum Haare scheren gegeben. Viele, die das erste Mal im Ashram weilten, verspürten Widerstände. Dieser und jener suchte nach Ausflüchten, um die Weisung zu umgehen. Einige langhaarige Männer verknoteten und versteckten ihr Haar unter einem Tuch und meinten, so der Tonsur zu entgehen. Diese Versuche nützten nichts; entweder fiel das Haar oder sie verließen den Ashram. Diejenigen, die aus triftigen Gründen an ihrem Arbeitsplatz nicht mit einer Glatze erscheinen konnten, wurden von dieser Auflage befreit. Babaji schaute jedem ins Herz und wußte, ob das Ego im Spiele war oder nicht. "Du bist ein Raja", sagte er zu meinem Mann, "Rajas haben niemals Mundan!" und zu unserem Sohn gewandt: "Laß dir Mundan scheren!" Vor drei Monaten war er in Deutschland umgeschult worden und ging jetzt auf eine Dorfschule. Er weigerte sich, denn er hatte bereits zweimal Mundan bekommen. Sein blondes Haar wuchs nur langsam, ungern wollte er sich dem Gespött der Kinder aussetzen. "Wenn du dir dein Haar nicht scherst, bist du nicht mehr mein Baby... Geh!" Bekümmert lief er fort. Zwei Stunden später kehrte er mit der Überlegung zurück, es sei doch besser, das Haar zu scheren als Babajis Liebe zu verlieren. Während dieser zwei Stunden war er weit ins Tal gelaufen, hatte sich in den Schatten eines großen Bhodibaumes am Sati-kund, in der Nähe des Flußes gesetzt und mit sich gerungen. Am Abend, als der Kleine mit glänzender Glatze auf Babajis Schoß saß, prophezeite er ihm seine Versetzung in die vierte Klasse und, daß er zwölf Jahre zur Schule gehen würde.

Mundan läßt die göttlichen, kosmischen Lebensstrahlen vermehrt in den Körper einfließen. Haare bilden einen Puffer, wirken also dämmend. Die Volltonsur, der sich unser Sohn nach inneren Kämpfen unterzog, bewirkte eine positive schulische Entwicklung. In den ersten zwei Jahren ging er gern in den Unterricht und hatte viele Freunde. Durch einen Umzug wechselte er die Schule. Im Gegensatz zur ersten hatte sie dörflichen Charakter. Die Lehrerin und die Mitschüler sprachen einen Dialekt, den er nicht verstand. Als "Zugezogener" wurde er nicht akzeptiert. Folglich verlor er das Interesse und mußte sich wegen mittelmäßiger Leistungen einer Aufnahmeprüfung am Gymnasium unterziehen. Heute ist er motiviert und gehört zu der ersten Jahrgangsstufe, bei der die dreizehnte Klasse fortfällt. Babajis Hinweis auf die Anzahl seiner Schuljahre einige Stunden nach dem Mundan lassen darauf schließen, daß das dargebrachte Opfer und das schulische Endresultat, der Übertritt aufs Gymnasium, zusammenhängen. Eines zog das andere nach sich, eins erfolgte aus dem anderen.

Babajis Art des Spiels war für ihn nicht immer leicht. Eines Tages mußte er seine Kleidung hergeben, die er am Leibe trug, dazu eine rote Schirmmütze und eine Trillerpfeife, die ihm Babaji geschenkt hatte. Nur noch mit einer Unterhose bekleidet, brach er in Tränen aus. Babaji, auf einem Stuhle bei den Tempeln sitzend, zog ihn liebevoll an die Brust und fragte zärtlich: "Wer bin ich?" "Mein Vater!" "Nein!" entgegnete Babaji, "Deine Mutter und, wer noch?" Der Kleine wiederholte sämtliche Namen, die Babaji ihn auf Hindi und Englisch gelehrt hatte: Mahaprabhuji (der große Herr) International Daddy (internationale Vater), Pitaji (Väterchen), Mataji (Mütterchen) und Ji Babaji Maharaj, Pappa, Daddy. Wenn immer Babaji eine Antwort haben wollte, die das Weibliche bezeichnete, zeigte er mit seiner Hand auf seine linke Brust, bei einem männlichen Namensbegriff auf die rechte und in die Mitte, wenn er einen beide Energien umfassenden Namen zu hören wünschte.

Wochenlang spielten sie miteinander. "Ich bin deine...?" fragte Babaji. "Frau!" "Ich bin dein...?" "Mann", mußte der Kleine ergänzen und bekam scherzhaft eine Ohrfeige, wenn er nicht wußte, was Babaji zu hören wünschte. Hier spielte Babaji eindeutig mit den Energien, brachte sie in Einklang und ließ diese oder jene auf das Kind wirken. Gleichzeitig zeigte er ihm, daß er das weibliche und das männliche Prinzip in sich verwirklichte. "Ich bin weder Mann noch Frau." Jeder Mensch sollte beide Ströme im gleichen Maße in sich aktivieren, das intuitive und das aktive Prinzip. Um wie vieles glücklicher wäre die Welt!

***

Neben der Anweisung, sich einem Mundans zu unterziehen, forderte Babaji alle Anwesenden auf, zehn Tage lang während der Weihnachtsszeit - also bis zum Neuen Jahr - ununterbrochen Kirtans, religiöse Lieder, zu singen. Rund um die Uhr hallten Trommeln und andere Instrumente durch den Ashram. Aus aller Herren Länder und aus ganz Indien trafen Schüler ein, bis schließlich Vertreter aus 26 Nationen versammelt waren. Ein jeder hatte den Namen seines Landes auf eine weiße Schärpe geschrieben und war gesondert vor Babaji getreten.

Aus der Gegend um Haidakhan waren unzählige Dorfbewohner herbeigeeilt. Sie hatten eine Musikkapelle mitgebracht und spielten abends in der Kirtanhalle zu fremdartigen Rhythmen religiöse Weisen. Dort stand auch ein geschmückter Weihnachtsbaum, und der Ashram, der Garten, die einundertundacht Stufen, die zum Fluß hinunterführten, erstrahlten im Schcin von achttausend brennenden Kerzen. Ihr Licht erhellte die Dunkelheit und war weithin im Tal sichtbar.

An den Weihnachts-Feiertagen führte Babaji große Yagnas aus, denen Hunderte von Menschen beiwohnten, und verteilte beim Darshan, den er den ganzen Tag über gewährte, kleine Gaben. Für die Landbevölkerung lagen handgestrickte Socken, Mützen und Kleidung bereit. Die Kinder erfreuten sich an Stoffpüppchen, warmen Pullovern, Schals und anderen benötigten Kleidungstücken, denn in den Bergen ist es in der Winterzeit bitter kalt.

Am ersten Feiertag hielt Babaji eine kurze Ansprache, in der er allen mitteilte, daß Christus anwesend sei. Dieser ließe der Menschheit sagen, sie solle ihren Neid und Haß vergessen und beenden und sich als Einheit betrachten. Zusätzlich sagte er, daß jeder, der sich der Christusenergie öffne, eine Vision von Christus haben würde. Anschließend ließ Babaji durch Shastriji, der neben ihm stand, verkünden, daß die allumfassende Zerstörung nahe sei. Sie erfolgt unerwartet innerhalb eines kurzen Augenblickes. Wenn sie kommt, sei es gleich, ob ein Mensch sitze, liege oder stehe, im Bruchteil einer Sekunde wird er getötet sein. Feuer, Wasser und Berge werden auf uns einstürzen: "Verliert trotzdem nicht den Mut, sondern opfert euch für die Wahrheit. Seid bereit, für sie ins Feuer zu springen."

"Liebt und verteidigt euer Vaterland. Er, Babaji, kümmere sich um das Universum, kümmert ihr euch um die Welt! Bildet hilfreiche Organisationen, damit die Kraft des Om Namah Shivay von der Öffentlichkeit verstanden und angenommen wird. Dieses Mantra ist stärker als Tausend Atombomben, ihre tödlichen Strahlen werden unwirksam bei jedem, der das Mantra verinnerlicht und verstanden hat."

In den folgenden Tagen wiederholte Babaji diese Botschaft wieder und wieder: "Legt einen Eid am Gautama Fluß ab und schwört, für die Menschheit tätig zu sein und sie vor den bevorstehenden Zeiten zu warnen. Informiert sie über die Kraft des Mantras und schließt euch zusammen, denn nur so könnt ihr stark sein. Letztlich werden die Wahrheit und das Gute triumphieren."

Das Neue Jahr wurde mit Kirtansingen begrüßt. Einige Schüler zündeten Leuchtraketen an, die in der dunklen

Nacht, sternengleich, aufstiegen. Hohe Offiziere und Regierungsbeamte waren eingetroffen, der Gouverneur von Uttar Pradesh wurde erwartet. Ohne Eskorte zu erscheinen, hätte der Etiquette widersprochen. Babaji empfing die Besucher äußerst liebenswürdig, aber distanziert. Er reflektierte ihre Empfindungen. Sie erhielten Prasad und wurden zum Essen geschickt. Wenige Augenblicke später lehnte er sich ihnen gegenüber, etwas erhöht, an eine Bananenstaude. Seine Arme umschlangen ein herabhängendes großblättriges Bananenblatt. Meine Blicke hingen wie fasziniert an ihm, denn innerhalb weniger Sekunden ging eine Veränderung mit ihm vor, er transformierte sich... wurde feminin und nahm die Form und Ausstrahlung der göttlichen Mutter an. Schweigsam fixierte er die sitzenden Männer, die, wie ich hörte, den weiblichen Gottesaspekt verehrten. Er schien in ihnen zu lesen und erkannte ihr Wesen, ihr Leben, das jetzige, das vergangene und das zukünftige. Selten habe ich ein so eindrucksvolles Schauspiel gesehen!

Am Nachmittag machten wir einen Rundgang durch den Ashram. "Dort wird ein Flughafen entstehen!" hatte mir Babaji vor wenigen Tagen erklärt und mit seiner Hand ins Tal gewiesen. Die Worte waren an mir vorbeigerauscht, waren in meinem Denken Zukunftspläne. Doch binnen dreier Tage hatten die Anwesenden im Ashram zusammen mit den eingetroffenen Soldaten eine große Landepiste gebaut und das Umfeld mit weißen Steinen gekennzeichnet. Der Hubschrauber des achzigjährigen Gouverneurs mit seiner Tochter sollte dort landen. Mein Mann war zusammen mit Sri Muniraji und Shastriji zum Empfang an die Landepiste abkommandiert worden.

Babaji hatte an alles gedacht, sogar an einen befestigten Weg, auf dem der Gouverneur mit einem Jeep von der Landebahn bis ins Ashramgelände fahren konnte. Als er endlich eintraf, wollte er vor Babaji niederfallen, doch hinderte dieser ihn wegen seines Alters daran und führte ihn auf seine Terrasse, wo ihm und seiner Tochter Erfrischungen gereicht wurden. Später, am Abend, zelebrierte der Gouverneur ein Arti und übergab Babaji eine große geschnitzte hölzerne Sänfte, die vor aller Augen in die Kirtanhalle getragen wurde.

Trotz des Gouverneursbesuches nahmen die Aktivitäten im Ashram ihren Lauf. Je nach Fähigkeit waren die Arbeiten verteilt, einige beschäftigten sich im Garten, andere in der kleinen Krankenstation, im Büro, oder befestigten die Bollwerke gegen den Fluß. Mein Mann hatte die Aufgabe bekommen, aus allen Nationen geeignete Männer für eine "Haidakhan-Garde" herauszusuchen und sie rund um die Uhr zur Wache einzuteilen. Ab und zu waren Raubtiere auf dem Gelände gesichtet worden, doch der Hintergrund dieser Aktion war symbolischer Art. Babaji hatte in seinen Reden wiederholt zur Achtsamkeit und Wachheit aufgefordert, ein geschärftes Bewußtsein vierundzwanzig Stunden am Tag verlangt. "Ihr alle seid meine Soldaten!"... Die Soldaten des Sanatana Dharmas, die Wächter der göttlichen Gesetzmäßigkeiten.

Nicht nur Weihnachten wurde in Haidakhan gefeiert. Babaji ehrte alle wichtigen Feiertage einer jeden Religion, so auch die der Sikhs. Die Sikhs sind eine mutige, kriegerische Rasse, bekannt als tapfere Soldaten. Ihr Religionsstifter ist Guru Nanak, und einmal jährlich findet die ununterbrochene dreitägige Lesung ihrer Heiligen Schrift "Guru Grant Sahib" statt. Zu diesem Zweck kommen Jahr für Jahr wohlhabende Sikhs mit bunten Turbanen auf ihren Köpfen aus Bombay angereist.

Wunderschöne Tücher aus Brokat, Samt und Seide umhüllten das Heilige Buch der Sikhs. Die Heiligen Schriften werden, als von Gott kommend, mit Ehrfurcht behandelt und berührt. Das dicke Buch wurde vor der Lesung auf dem Kopf eines Priesters durch den Ashram getragen, bevor es feierlich auf einem geschmückten Podest unter den Tempeldächern aufgeschlagen würde. Die Ausländer nahmen an der Lesung teil, obleich sie nichts verstanden, denn die Schwingungen heiliger Worte teilen sich auch ohne direktes Verständnis dem Zuhörer mit und beeinflussen ihn positiv.

An einem dieser Tage hielt Shastriji eine Rede in der Kirtanhalle. Er lobte die Sikhs. Sie seien ein religiöses Volk und bereit, für die Wahrheit zu sterben, wie die Geschichte gezeigt hat. Ergänzend fügte Babaji einige Worte hinzu: wir alle seien als Soldaten in der Revolution (gegen das Böse) eingetragen und könnten nur gerettet werden, wenn wir unseren Verstand und unsere Gefühle beherrschten. Der Zeitpunkt der Revolution könne noch nicht bekannt gegeben werden. Alle würden es wissen, sobald er gekommen sei.

Mir wurden diese Worte zu viel, ich wollte nicht an den Auseinandersetzungen teilhaben, ich liebte Harmonie, Frieden... "Bitte, ohne mich!" dachte ich gerade, als Babaji mich aus der Menge in der Kirtanhalle zu sich rief. "Du bist ein Soldat!" sagte er und gab mir einen breiten geflochtenen silbernen Stoffreif. "Trage ihn drei Tage!" Voller Opposition setzte ich mich. "Soll ich das Ding drei Tage auf meinem Kopf tragen... wo ich so wie so nicht mitkämpfen will!... Außerdem fürchtete ich mich vor einem Centipede"... einem Hundertfüßler, der neulich nachts in mein Bett gekrochen war. Dennoch folgte ich seiner Anweisung, obwohl ich deren Bedeutung nicht verstand. Er wußte um ihren Sinn.

Einige wohlhabende Einheimische fragten, wie sie für die kommenden Zeiten ihr Geld anlegen sollten. "So lange die Regierung besteht, ist euer Geld nicht in Gefahr. Am besten wäre es in Edelsteinen angelegt," antwortete Babaji.

Als viel über die kommende Umwälzung gesprochen wurde, bekam ich angesichts des bevorstehenden Grauens einen Nervenschock. Normalerweise bin ich nicht labil, sondern stehe mit beiden Beinen fest auf der Erde. Babaji hatte erwähnt, daß in dieser der größten Revolution aller Zeiten auch Frauen mitzukämpfen hätten. Nun wurde in der Kirtanhalle vor Babaji Arti ausgeführt. Als göttliche weibliche Energie verehrt, legten ihm die Zelebrierenden ein rotes Seidentuch über das Haupt. Es umhüllte seine Schultern und beide Arme. Mitten in der Zeremonie zog Babaji das Tuch über sein Antlitz, - es wurde rot wie Blut - und bewegte ruckartig die vorgestreckten Arme. Die Tuchenden wirbelten durch die Luft und bleckten wie feurige Zungen nach den Menschen vor ihm. "Die blutige Mutter!" flüsterte meine Nachbarin. Und wirklich! Babaji sah gräßlich aus. Wie ein aus der Unterwelt entstiegener Dämon, der seine Kinder frißt. Bei diesem Schauspiel kroch mir das Entsetzen den

Rücken hoch. Gleichzeitig hieß Babaji einen alten Mann ein lustiges Lied singen. Sprachlos schaute ich zu. Endlich nahm Babaji das Tuch ab und hängte sich in der nur spärlich durch eine Kerosinlampe erhellten Halle eine automatische Taschenlampe um. Er ließ sie im gelben Licht aufblinken: "Achtung", hieß es. In dem fahlen Lampenschein veränderte sich seine Haut, sie wurde leichenblaß... ein Toter! Die Lampe leuchtete rot auf: "Höchste Gefahr! Höchste Gefahr!".. Abrupt verließ Babaji den Raum. Ich war mit meinen Nerven fertig, ging hinaus zum Tempel, die anderen zerstreuten sich und bat Babaji innerlich, mich doch gehen zu lassen, ich mochte nichts mit alle dem zu tun haben. Lieber sterben, jetzt... gleich! Ohne es zu wollen, gingen die Nerven mit mir durch, ich lachte und heulte, lachte und heulte und konnte trotz größter Willensanstrengung nicht aufhören. Meine Nachbarin war mit mir gegangen. Ihre Worte brachten mich wieder zur Vernunft. Sinngemäß sagte sie, daß wir uns von dem äußeren Geschehen nicht verwirren lassen sollen, Gott verstecke sich nur, er bleibt immer derselbe, selbst, wenn er, wie eben, in die Unterwelt hinabsteige, um die Dämonen zu entfesseln. Zerstörung bringt Erneuerung, ein stetiges Auf und Ab im geistigen Wachstumsprozeß.

***

Um die Jahreswende regnet es häufig in Haidakhan. Der Regen ist eine willkommene Arbeitsunterbrechung. Die Schüler bleiben auf ihren Zimmern, lesen und schreiben oder halten satsang. An einem dieser Regentage war Babaji, unbemerkt von anderen, kurz vor der Mittagszeit in die Kirtanhalle gekommen. Er nahm auf seinem Sitz

Platz und rief mich zu sich. Ich setzte mich auf den Boden, etwas seitlich von ihm auf eine kleine Stufe. Der Regen stürzte in Fluten vom Himmel, graue Nebelschwaden hingen über dem Tal. Als ich so still neben ihm saß, überkam mich eine große Sehnsucht, mich aufzulösen, eins zu werden mit ihm, jegliche Individualität hinter mir zu lassen. Spontan bat ich Babaji innerlich: "Laß mich eins mit dir werden!" Ich hatte keine Antwort von ihm erwartet, aber zu meinem Erstaunen sah ich, wie er seine schwarzen Augen groß und ernsthaft auf mich richtete und nickte. Ich wagte kaum zu antworten, dann aber quoll die Frage aus mir hervor: "Ist das ein Versprechen?" Wieder nickte er langsam und bedeutungsvoll. Was konnte ich da noch fragen?

So wie er die Gedanken eines jeden aufnahm, so reflektierte er spiegelgleich die Einheit aller Menschen, allen Seins. Untrennbar war sein Bewußtsein mit dem eines jeden Wesens verbunden. Es gab keinen Impuls, der ihm entging. Ich hatte mir als Mittagessen einige gebackene warme Brotfladen geholt und ging etwas verträumt den langen Gartenweg entlang, an blühenden Büschen und Blumen vorbei. Unverhofft sah ich Babaji unter der Tempelüberdachung stehen. Er lächelte. Ich hatte ihn nur flüchtig während eines Augenaufschlages wahrgenommen, zu kurz, um auf sein Lächeln zu reagieren. Als ich nach dem Bruchteil einer Sekunde wieder zu ihm hinblickte, lächelte Babaji nicht mehr, sondern hatte meine unbeteiligte Haltung angenommen. Augenblicklich hob ich den Kopf und lächelte zurück. Sofort huschte ein abermaliges Stahlen über sein Gesicht: "Komm!" Ich ging zu ihm. "Hast du gegessen?" Ich verneinte es. "Warum nicht?" fragte er und ging fort. Er war mein Spiegel gewesen in dieser Situation, wie so oft der Spiegel für alle. Sein Verhalten sagte mir, daß der Mensch erst dann auf göttliche Impulse reagieren kann, wenn er sie bewußt wahrnimmt und erkennt. Ansonsten bleiben sie ohne Widerhall.

Die Zeit unserer Abreise näherte sich. Ungern verließ ich Haidakhan. In Babajis physischer Nähe zu sein, war ein Geschenk. Sollte ich ihn fragen, ob ich noch einige Wochen bei ihm bleiben dürfte? Mein Mann und die Kinder waren, wie es sich herausgestellt hatte, bei dem jungen Mann, der bei uns wohnte, gut aufgehoben. Doch nein, ich wollte nicht fragen. Babaji kannte meine Sehnsucht. Wenn ich bleiben dürfte, würde er es ermöglichen. Jetzt galt es, jeden Augenblick besonders intensiv zu erleben.

Am folgenden Morgen fragte mein Sohn Babaji, was er, wenn er groß ist, werden wird. Babaji hatte ihm, im blühenden Garten sitzend, daraufhin die Haare aus der Stirn gestrichen, sinnend in sein Kindergesicht geschaut und nachdenklich, wie abwesend auf Hindi gesagt: "Kya banaue, kya banaue.." (Was wird er werden, was wird aus ihm werden?) Ein plötzlich hinzutretender Inder hatte die Unterhaltung unterbrochen. Später hatte mein Sohn nochmals dieses Thema aufgegriffen. "Politiker... oder Offizier" waren seine Worte gewesen. Gleichzeitig hatte er ihm ein kleines Kissen geschenkt: "Für dein Baby!... Morgen heiratest du, übermorgen bekommst du ein Baby!"

Während der letzten Tage hatte Babaji den Kleinen nicht mehr so oft zu sich gezogen. Er wollte ihm den Abschied erleichtern. Wußte er doch, wie schwer sich das Kind von ihm trennte. Wie war er verwöhnt worden, nicht nur mit Süßigkeiten, sondern auch mit feinstofflichen Energien. Manchmal fragte Babaji: "Hast du gegessen?" und schnippte ihm aus der Luft etwas Unsichtbares zu. Oder er zog ihn spielerisch an die Brust mit der Aufforderung: "Trinke Milch!" Ebenso spielerisch hatte mein Sohn sein Gesicht auf Babajis Hemd gelegt und getan, als trinke er. "Es kommt ja nichts!" "Was?" fragte Babaji mit erhobener Hand, so als wolle er ihm eine Ohrfeige geben. Und ein wenig später: "Bist du jetzt satt?" "Ja", lautete die Kinderantwort. "Ich hab Dich lieb. Du bist so groß, ich bin so klein, die Welt ist ebenfalls so klein!"

Ebenso versorgte Babaji Kleinkinder mit Lebensenergien. Einem Neugeborenen, das auf der Terrasse neben ihm in einem Körbchen lag, steckte er seinen Zeigefinger in den Mund. Es war rührend anzusehen, wie das Baby heftig an dem Finger zu nuckeln, zu saugen begann und nicht aufhören wollte. Geduldig überließ Babaji ihm den Finger, während er sich voll und ganz auf seine Aufgabe konzentrierte, sein Atem schien zu stocken und die Augenlider wurden schwer. Er war in tiefster Meditation bei dieser Handlung.

"Wie ist es möglich, daß dein Sohn so viel ißt? Er ißt alles auf, was ich ihm gebe und hat dennoch nicht genug!" "Er mag das scharfe indische Essen nicht. Außerdem ist er ein schlechter Esser." "Weihe Gott täglich deine Speisen, dann wird sich sein Appetit steigern!" Eine Inderin fügte erklärend hinzu: Nimm von deinem Essen eine kleine Portion ab, - du darfst vorher nichts kosten - und stelle sie wenige Augenblicke vor ein Bildnis Gottes. So gesegnet, vermische die Speise mit der im Kochtopf... Es dauerte nicht lange, bis unser Sohn in Deutschland einen ungeheueren Appetit entwickelte.

Der vorletzte Tag war angebrochen. Wie jeden Morgen, so hatten wir auch heute um vier Uhr ein Bad im Fluß genommen. Zur Winterszeit, in den sternenklaren Nächten, wehte ein kühler Wind. Das Wasser schien wärmer als die Lufttemperatur zu sein. Erfrischt und munter gingen wir nach dem Bad durch das steinige Flußtal auf unser Zimmer. Hier und da blinkte eine Taschenlampe auf, es waren andere Schüler, die ihr Bad beendet hatten. Nahm man am Chandan nicht teil, gab es genügend Zeit für die Meditation. In den kühlen Nächten hielten wir die Fensterläden unseres Zimmers fest verschlossen. Kein Lichtschimmer drang in den Raum. Es war still, nur die ruhigen Atemzüge unseres Sohnes waren zu hören. Wir ließen ihn länger schlafen. "Du, ich sehe schon wieder etwas!" sagte mein Mann. Die Dunkelheit hatte sich vor seinen Augen gelichtet, der ganze Raum war mit schemenhaften Gestalten gefüllt. Ungläubig staunend sah er zu, wie sie durch die Wände und meinen Körper gingen. In einer breiten Schlange aufgereiht, schienen sie geduldig auf Babajis Darshan zu warten. Es war eine bunte Gesellschft, sie trugen Kleidung aus vergangenen Jahrhunderten, einige hatten sich in Decken gehüllt, andere waren zeitgemäß gekleidet. Trotz aller Anstrengungen bemerkte ich nichts, mein Mann hingegen schaute und schaute. Eines Tages hatte er zu Babaji darüber gesprochen, worauf er ihm seinen Daumen mit dem Worte "Bam", einem Energiemantram auf das Dritte Auge gedrückt hatte.

Dieses Phänomen wurde meinem Mann mit der Zeit langweilig, waren es doch immer nur stumme Gestalten, mit denen er nicht sprechen konnte. So nahm er keine Notiz mehr davon.

Die größte Zeit des heutigen Tages hatten wir mit Babaji verbracht. Lange war er auf seiner Terrasse geblieben, hatte einige Zeit auf der Tempelseite gesessen und war anschließend in den Garten gegangen, um die Arbeiten zu beaufsichtigen. Nach der Mittagspause hatte er in der Nachmittagssonne auf dem Dach des Krankenhauses Platz genommen und mit den Einheimischen gescherzt. Alle, die um ihn herum versammelt waren, wurden zu einem Glas süßen Tees mit Milch eingeladen, und wenig später zum Singen in die Kirtanhalle geschickt, meine Familie und ich durften noch in Babajis Nähe bleiben. Eine Weile saßen wir schweigend beieinander. Dann erhob sich Babaji und kehrte in den Ashram zurück. Ich folgte und wollte vom Garten aus in mein Zimmer gehen, als mich seine Stimme rief.

Ich lief die wenigen Stufen hinunter, die zu seinem Privatbereich führten. Umgeben von zwei Schülern saß er auf einem Drehstuhl in dem kleinen Ankleideraum, von dem eine Tür in das Bad führte. Er wiederholte meinen Namen und streckte mir seine Füße zum Massieren entgegen. "Wann reist du ab?" fragte er meinen Mann. "Übermorgen." "Wie lange bleibst du in Delhi?" "Eine Nacht." "Nein, bleib eine Woche!" Mein Mann war sprachlos, mußte er doch pünktlich zurück an seiner Arbeitsstätte sein... Und zu mir gewandt: "Du kommst mit mir nach Bombay... zum Shivratri Fest. Einverstanden?"

Die Freude preßte mir die Kehle zu. "Ja" konnte ich nur hauchen. Babaji erkundigte sich nach meinem Flugticket, und ob das Rückreisedatum geändert werden könne. Mein Mann hatte schweigend der Unterhaltung beigewohnt und war erleichtert, als Babaji ihm sagte, er solle wie geplant nach Hause zurückfliegen.

Babaji erhob sich, ging durch die geöffnete Tür seines Badezimmers und rief mich. Ich sollte ihm beim Waschen helfen. Er stellte sich auf einen Holztritt, schürzte sein Lungi und hielt mir die Füße entgegen. Ein Schüler, der heißes Wasser aus der Küche geholt hatte, reichte mir eine volle Lota, ein rundes Metallgefaß, mit den Worten, ich solle das Wasser über Babajis Knie und Füße gießen. Während ich Babaji benetzte, kniff er mir ins Ohr, in den Arm und haute kräftig mit der Faust auf meine Wirbelsäule: "Hare, hare, Ganga, hare, hare Ganga", forderte er alle auf, zu singen. Wir wiederholten die Mantren zu Ehren des Wasserelementes. Bald danach zog Babaji sich um, kämmte sein Haar und lief voraus in die Kirtanhalle. Er nahm auf seinem Sitz Platz, schaute in die Runde und spielte mit unserem Sohn. Er kugelte ihn herum, oder setzte ihn auf die Rücken der Schüler, die sich vor ihm verneigten. Mitten unter den Anwesenden in der ersten Reihe saß der junge Mann, der mich zu Hause vertreten hatte. Er wollte mit uns zurückfahren. Unerwartet erhob sich Babaji und warf ihm unseren Sohn mit einem kleinen Schubs in den Schoß: "Nun hast du zwei Babies, sorge für sie!" lauteten seine Worte und übertrug ihm somit die Verantwortung für meine beiden Kinder. Im ersten Moment wußte er mit dieser Bemerkung nichts anzufangen, hatte er doch bei der Unterhaltung im Ankleideraum gefehlt.

Babajis aufmunternde Handbewegung aus dem Auto heraus kam mir in den Sinn, als er vor drei Wochen in Haldwani an mir vorbeigefahren war. Es war die Antwort auf meine Sehnsucht gewesen, länger bei ihm bleiben zu dürfen. Seine Geste hatte mich ermutigen sollen, wußte er doch, daß ich ihn nach Bombay begleiten würde.

Es war der Reisetag meiner Familie. Gemeinsam wollten wir am Chandan teilnehmen. Der Kleine war weinerlich, er wollte bei Babaji bleiben. Was sollte er in Deutschland, ohne Mutter, ohne nette Klassenkameraden, obendrein noch mit Glatze? Babaji würde für ihn Sorge tragen, das wußte ich. Auch würde er innerlich durch diese Erfahrung wachsen und erstarken.

Eine Reihe von Wartenden hatte sich auf dem Vorhof zu Babajis Eingang versammelt. Sie saßen auf dem Boden und meditierten, bis die Zeremonie begann. Es war dunkel, die Sterne am klaren Himmel funkelten. Eine frische Brise wehte von den Bergen her, und das Rauschen des Stromes drang einschmeichelnd in das Gemüt. Der Inder, der die besinnliche Stille durch lautes Geschrei unterbrochen hatte - er hatte einen großen Boxer mehrmals von der Terrasse vertrieben -, war nun ebenfalls zur Ruhe gekommen. Die Stille währte nicht lange, der Hund kam abermals angesprungen, und ging schwanzwedelnd und schnuppernd von Person zu Person, blieb vor dem Inder stehen und fuhr ihm blitzschnell mit seiner langen nassen Zunge über das Gesicht. Ein entsetzter Aufschrei! Unter Gezeter und Geschimpfe sprang er auf und verjagte das Tier.

Das Törchen zu Babajis Terrasse öffnete sich. Jeder stieg die wenigen Stufen hinab, passierte den großen Bhodibaum, die Feuergrube und stellte sich wartend vor Babajis Tür, bis er an die Reihe kam. Babaji bewohnte ein kleines Zimmer, etwa zweieinhalb Meter breit und drei Meter lang. Zwischen der Wand und seinem Bett, einer einfachen Holzkiste mit Matratze, befand sich, aus zwei Kissen bestehend, sein Meditationssitz. Eine Feuergrube mit einem Trishul, einem Dreizack, war im kleinen Abstand davor in den Boden eingelassen. In einer Ecke des Raumes stand ein schmaler Schrank, ansonsten war das Zimmer leer bis auf zwei mit Vorhängen versehenen Wandregalen. Ein Teppich lag in der Mitte des Zimmers. Babaji saß auf seinem Bett im Lotussitz, mit einem Handtuch auf den Knien, die Schalen mit der Chandan- und Kum-kum-Paste standen neben ihm. Beim Eintreten verneigte sich jeder, kniete nieder und hob die Stirn, damit Babaji die Paste auftragen konnte.

In diesen frühen Morgenstunden verschenkte Babaji manchmal seine Kleidung, die er am Vortage getragen hatte. Auf ein Kopfnicken hin übergab sie Man Singh, ein Inder, der Babaji ständig umsorgte, dem Schüler. Eines Tages erhielt auch ich überraschend zu dieser Zeit einen Pullover. "Zwei in einem, zwei in einem" sagte Babaji dazu. "Einer für dich, einer für deinen Mann." Warum hatte er diese Worte wiederholt, er, der kaum jemals sprach? Wollte er sagen, daß die Dualität aus der Einheit hervorgegangen ist und in sie zurückkehren muß?

Nach dem Chandan setzten sich alle um das entfachte Feuer, die Frauen links, die Männer rechts. Es dauerte nicht lange, bis Babaji aus seinem Raum trat und sich am Feuer niederließ. Er schaute in die Runde und winkte meinen Sohn zu sich. Zu seiner Rechten stand eine Metallplatte mit einem Gemisch aus Reis, Weihrauch und schwarzem Sesam. Seine linke Hand umfaßte einen langstieligen Holzlöffel, mit dem er das flüssige Ghee, Butterfett, ins Feuer gab. Man Singh, rechts neben Babaji hockend, legte ihm portionsweise das Gemisch von der Metallplatte in die geöffnete Handfläche, das er meditativ ins Feuer warf. Oft richtete Babaji seine Blicke zum dunklen sternklaren Himmel, er schwankte kaum wahrnehmbar wie im Trance, dann und wann nickte er, als kommuniziere er mit göttlichen Wesenheiten. Offensichtlich wanderte sein Bewußtsein zwischen den feinstofflichen Welten und der unsrigen hin und her. Die hohe Schwingung, die viele bei dieser Zeremonie erfaßte, ließ mich oft taumelnd in meinen Raum zurückkehren.

Heute hatte der Hund, während der Feuerzeremonie, sehnsuchtsvoll von der Brüstung der Terrasse hinunter zur Feuergrube geschaut. Babaji hatte ihn bemerkt und hinuntergewinkt. Nachdem er Einlaß gefunden hatte, legte er sich still zu Babaji Füßen. Jedes Lebewesen war willkommen.

Mein Mann und Sohn verabschiedeten sich nach der Zeremonie von Babaji, der ihnen liebevoll die Hand aufs Haupt legte. Als wir die Treppe hinaufstiegen, weinte der Kleine leise vor sich hin, er wollte bei Babaji bleiben. Tröstend sagte ich: "Dann geh noch einmal zu ihm!" Babaji war bereits in seinem Zimmer verschwunden, als es zaghaft an seiner Tür klopfte. "Wer ist da?" schallte es durch die Wand. "Ich bin es", antwortete eine zarte Stimme. Babaji öffnete die Tür, und der Kleine flog ihm in die Arme. Eine Zeitlang hielten sich beide umfangen. Sonderbar getröstet kam mein Sohn nach einer Weile aufs Zimmer zurück, er hielt eine rote Decke als Abschiedsgeschenk in der Hand.

Kapitel Vier

War ich glücklich? Mit niemandem auf der Welt hätte ich tauschen mögen. Babaji ist mein ganzer Lebensinhalt. Wenn ich an ihn denke - für mich beinhaltet er die gesamte Schöpfung - erfaßt mich eine unbändige Liebe. Bewußt versuche ich in diesen Momenten alle Naturreiche, das Mineralreich, die Planzen-, Tierwelt, die Menschen und die feinstofflichen Ebenen einzuschließen. Wir alle sind miteinander verbunden, wie die Fäden eines zarten Spinnengewebes.

Die Aufgabe des bewußten Menschen ist es, alles Leben zu schützen, als Teil seines Selbst. Kosmische Lebenskraft erfüllt alles Sein, es geht denselben Weg wie wir und hofft - genau wie wir - die letzte Sprosse der Erkenntisleiter zu erklimmen. Wieviel Leid, wieviel unsagbarer Schmerz beherrscht die Welt, ein jedes Lebewesen, schutzlos und willkürlich der Unwissenheit vieler Menschen ausgeliefert! Einer bekämpft den anderen in Worten und Taten, zerstört gedankenkos durch Tratsch und Urteil! Was ist zu tun? Diese Gedanken stimmten mich traurig. "Das Mantra Om Namah Shivay ist die Lösung", hörte ich innerlich. "Es wandelt die Herzen. Doch nicht von heute auf morgen, es ist ein langwieriger Prozeß."

Jeder wird im Leben einmal vor die Wahl gestellt, ob er den lichtvollen Weg beschreiten möchte. Der Durchschnittsbürger fragt sich eines Tages: Wozu lebe ich? Oder: Was ist der Sinn meines Lebens? Vielen bereitet das Nachdenken über diese Fragen Mühe; sie werden verworfen und geraten in Vergessenheit. Die nachdenklicheren, ernsteren Menschen gehen auf die Suche.

Auch ich mußte mich entscheiden zwischen dem Geistigen und dem Materiellen, zwischen Anhaftung und Nicht-Anhaftung. Die Entscheidung wurde auf der subtilen, der Traumebene, und der physischen, realen Ebene, verlangt. Im Traum hatte ich erfahren, daß mein Mann gestorben sei. Mit blutendem Herzen lief ich zu Babaji. Er saß mit angezogenen Knien im Flußtal auf einem weißen Felsen. Traurig lehnte ich meinen Kopf gegen seine Beine. "Weißt du schon ... ?" fragte ich. "Ja", antwortete Babaji, "er ist tot!" Wir schwiegen und schauten meinem Sohn zu, wie er mit unserem Hund im Tal herumtollte. "Willst du ihn wiederhaben?" Ich wußte keine Antwort. Mir war so wohl in Babajis Nähe. Andererseits könnte Babaji mir ihn wiedergeben. Ich schob den Gedanken fort... Plötzlich wußte ich, ich hatte eine Entscheidung zu fällen. Ich konnte wählen zwischen Babaji, dem vollendeten geistigen Prinzip, ohne Anhaftung an menschliche Bindungen, oder meinem Mann, als weltlichem Repräsentanten. Ein Wort von mir, und Babaji hätte ihn mir zurückgegeben... Mein Mund blieb stumm. Ich hatte mich entschieden.

Vor zwei Tagen hatte mir Babaji konkret die Frage gestellt, ob ich mit ihm - ohne Familie - nach Bombay reisen wollte. Wieder hatte ich die Wahl. Es war die gleiche Entscheidung, wenn auch nicht eine so endgültige wie im Traum. Meine Familie würde ich wiedersehen...

Vor dieser Begebenheit, bei einem früheren Aufenthalt, war ich schon einmal auf diesem Gebiet getestet worden.

Ich arbeitete im Garten und sollte in wenigen Tagen abfahren. Babaji trat zu mir und fragte: "Wann reist du ab?" "Am Ende der Woche." "Nein, du fährst nicht. Du bleibst hier!" entgegnete er. Mein Mann arbeitete damals in Kenia. Nach Abschluß einer Studie würde er in wenigen Tagen zurück in Deutschland sein. Er könnte herkommen, dachte ich. "Darf mein Mann nachkommen?" fragte ich. "Nein, weder darfst du abreisen, noch er kommen!" Verwirrt nahm ich meine Arbeit wieder auf. Am Tage meiner ursprünglich geplanten Abreise, fragte mich Babaji: "Fährst du heute?" "Nein, ich sollte doch bleiben!" "Du darfst bleiben so lange du magst!" In der Zwischenzeit hatte sich herausgestellt, daß Babaji verschiedene Pilgerstätten, hoch im Himalaya gelegen, besuchen würde. Mitreisen konnte ich nicht, für kaltes Klima war meine Kleidung ungeeignet. So verließ ich Haidakhan am Vortage der Abreise Babajis.

Die Entscheidung allein, den lichten Weg zu beschreiten, genügt nicht. Arbeit an sich wird verlangt, die positiven Kräfte müssen bewußt und zielstrebig gestärkt werden. Bei einer Zusammenkunft auf der Tempelseite sagte Babaji: "Niemand von euch hat ein reines Herz. Ihr spielt alle nur Dramen!" Diese Worte riefen Opposition in mir hervor: "Das wissen wir. Aus diesem Grunde sind wir hier. Hilf uns, rein zu werden!" Während dieser Gedanken, schaute Babaji in meine Augen und rief mich nach der Versammlung zu sich. Ganz dicht mußte ich an ihn heranrücken. Er hatte auf einem rot geblümten Klappstuhl Platz genommem. In seiner unmittelbaren Nähe brach meine innere Verzweiflung hervor über das Los, in einem physischen Körper zu stecken und der damit unfreiwilligen Verhaftung an Maya, der Illusion des Lebens. In Tränen ausbrechend, legte ich hilfesuchend meinen

Kopf auf seinen Arm. Babaji beruhigte mich liebevoll und klopfte mehrmals leicht mit seiner geöffneten Hand auf meinen Scheitel, wobei er: "Dong, dong" sagte. Ruhiger geworden, streifte mir Babaji seinen Ärmel durchs Gesicht, so als ob er mir die Tränen trockne. "Möchtest du etwas sagen?" "Nein", entgegnete ich, "du weißt ja, was mein Herz bewegt." Er nickte und flößte mir aus seinem Becher Zuckerwasser ein.

Das Los der an die Materie geketteten Menschheit berührte mich stark, insbesondere ihre Unwissenheit. Welcher Kontrast zwischen den Gebildeten und den Ungebildeten! In einem nahe gelegenen Dorf fand eine Hochzeit statt. Gestern war der Bräutigam, bunt geschmückt und hoch zu Roß, in der Ferne vorbeigeritten, um seine Braut zu holen. Heute kam die Hochzeitsprozession zurück. Diesmal saß die Braut, tief verschleiert und bemalt, auf dem Pferd. Sie hielten vor den Tempeln und stiegen die Treppen zu Babaji hinauf. Braut und Bräutigam erbaten seinen Segen, und die Hochzeitsgäste begannen zum Om Namah Shivay Gesang zu tanzen. Mitgefühl mit dem einfachen Volk, das weder lesen noch schreiben kann, erfaßte mich. Erkannten sie nicht einmal die Notwendigkeit sauberen Trinkwassers! Das barmherzige Gelöbnis der Bhodisattvas, - so lange auf Erden wiedergeboren zu werden, bis alle Wesen erlöst sind - stand mir plötzlich vor Augen.

Im Ashram hatte ebenfalls mit Babajis Segen eine Hochzeit stattgefunden. Die Arbeit fiel anläßlich dieses Ereignisses am Vormittag aus, und das amerikanische Brautpaar hatte zu einer kleinen Teeparty eingeladen. In der Kirtanhalle wurden religiöse Lieder gesungen und bald tanzten gar viele zu den indischen Rhythmen. Eine große Trommel, die in der Ecke der Halle stand, wurde kräftig geschlagen. Die Atmosphäre heizte sich auf, und prompt vergaßen einige der Tanzenden, wo sie sich befanden. Die Freude an der Musik, an ihren Bewegungen, an ihren Körpern hatte sie mitgerissen. Mitten im Tanz zerriß ein hoher Mißton die Musik. Die Haut der großen Trommel war gesprungen! Erschrocken erwachten die Tanzenden... die Feier fand ein jähes Ende.

Babaji hatte sich auf der anderen Talseite aufgehalten. Als er zurückkehrte und auf dem kleinen Mäuerchen lag, das zu seiner Terrasse führte, schimpfte er und fragte, wer die Trommel beschädigt hätte. Er rügte die Tanzenden und sagte zum Hochzeitspaar, sie sollten morgen den Ashram verlassen.

Babaji schimpfte bisweilen oder schlug auch mit seinem Stock, wenn nötig. Viele fühlten sich durch solche Handlungen verletzt, besonders, wenn sie sich keiner Schuld bewußt waren. Wie ein Blitz aus heiterem Himmel handelte Babaji zu ihrem Besten. Viele glaubten, Babaji zürne ihnen; schlossen sie von ihren eigenen menschlichen Empfindungen auf ihn. Babaji jedoch stand über den Dingen, jenseits von Erfolg oder Mißerfolg. Es kam vor, daß ihn Neulinge oder kurzfristige Besucher, die ihn verkannten, lauthals beschimpften. Unbewegt belehrte er sie eines Besseren oder schickte die Unbelehrbaren fort. Unbeteiligt folgte er seiner Aufgabe, das Bewußtsein der Menschen zu heben. Von sich selbst sagte er, er arbeite "sechundzwanzig" Stunden am Tag.

Das Hochzeitspaar hatte sich reuevoll wegen der Entgleisung entschuldigt. Am Abend, nach dem Arti im Freien unterm Sternenzelt auf der Terrasse geschah etwas Ungeheuerliches. Babaji stimmte, was er selten tat, in den Om Namah Shivay Gesang ein, und bewegte sich im Sitzen rhythmisch zu den Klängen. Dann hieß er alle schweigen und sagte in die Stille der lauen Nacht: "Ich habe vergeben!... Ja, ich vergebe allen Sündern bis zum heutigen Tag! Ihr alle könnt mit einer schneeweißen, reinen Seele das Leben neu beginnen!"... Nur zögernd setzte die Musik ein. Jeder war sprachlos von den schicksalshaften Worten. Babaji griff zum Schellentambourin und war fröhlich bis zum Ende des Abends.

Durch meine Entscheidung, Babaji zu folgen, wurde ein Pakt geschlossen, ein Pakt der gegenseitigen Verpflichtung. Er würde darauf achten, daß ich nicht vom Weg abwich, seine Hand schützend über mich halten, und ich würde mich bemühen, seine gesetzten Werte zu befolgen. "Seid menschlich, wahrhaftig, einfach und liebevoll in eurem Tun" hatte er immer wieder betont. "Wiederholt ohne Unterlaß Gottes Namen als ständiges Gebet, vornehmlich das Mantra Om Namah Shivay," das so viel bedeutet wie "Herr, Dein Wille geschehe" und "verrichtet selbstlose Arbeit als Dienst an Gott." Als Karma Yoga Projekt mußte auf der anderen Tempelseite der Berg abgetragen werden, um einer ebenen Fläche für Gärten, Pferde- und Kuhställe zu weichen. Die Arbeitenden warfen unermüdlich große Steine gegen den Berghang, um einen Erdrutsch herbeizuführen. Nach jedem Wurf prasselte eine Steinlawine nieder. Ich hatte soeben angefangen, den Schutt und die Steine in eine Metallschale zu werfen, als Babaji meinen Arm packte und mich an einen anderen Ort zur Arbeit führte. "Arbeite hier! Beeil dich! Es ist gefährlich!" Hier lagen große Felsbrocken, und ich dachte: "Was kann mir passieren, wenn du bei mir bist!" Nach zwei gefüllten Schalen stand Babaji abermals neben mir. "Dies ist keine Arbeit für dich! Sie ist zu gefährlich. Komm." Mit diesen Worten führte er mich in ein großes, offenes Zelt. Er setzte sich auf einen Stuhl und hielt mir seine Füße zum Massieren und der damit verbundenen Energieübertragung entgegen. "Bist du glücklich?" fragte er.

Sein Schutz umfaßt die irdischen wie auch die geistigen Bereiche. Er achtet auf Ungesetzmäßigkeiten und greift helfend ein, wenn erforderlich. Mit Mühe hatte ich die 108 Stufen zum Ashram erklommen. Ich befand mich in einem höheren Bewußtseinszustand. Mein Astralkörper hatte sich gelockert und war nur lose mit dem physischen Körper verbunden. Die materielle Hülle war ein lästiger Fremdkörper, der mich behinderte. Wie ein Roboter bewegte ich die Arme und Beine. Babaji stand auf der Terrasse, umringt von vielen, als er mich kommen sah. Ohne eine Sekunde zu verlieren, kam er auf mich zu und ergriff meine beiden Hände. So verbunden standen wir uns eine Weile stumm gegenüber. Langsam sank mein Bewußtsein zurück in das irdische Körperkleid, und ich wurde mir meiner Gestalt bewußt.

Im Garten bei der Kirtanhalle sagte mir Babaji, daß er immer über das Mantra Om Namah Shivay zu erreichen ist. Er schaute über das weite Flußtal, als er mich rief, und verschränkte bei meinem Näherkommen die Hände über die Brust. "Gib mir deine Hand!" Vertrauensvoll schob ich meine Hand in seine rechte. In seiner Gegenwart fühlte ich mich geborgen und konnte nicht fehlgehen, aber wie war es in der Ferne? "Wirst du auch in Deutschland für mich zu erreichen sein?" fragte ich. Babaji hatte weiter ins Tal geschaut, als wir neben einander standen. Jetzt drehte er mir den Kopf zu, nickte und sagte eindringlich: "Ja! In deinem Herzen! Über das Mantra Om Namah Shivay!" Dabei klopfte er mit seiner rechten Faust dreimal auf meine Brust und wiederholte: "Bum bum, bum." Ernst, aber liebevoll schaute er in mein Gesicht. Mir war, als sei er wirklich unauslöschbar in meinem Herzen verankert. "Verstehst du?" fügte er hinzu. Und ich verstand sein Versprechen.

Wie zur Bekräftigung träumte ich in der folgenden Nacht von ihm. "Über dich sind viele Bücher geschrieben worden. In der "Autobiographie eines Yogi" steht geschrieben, du kämest zu den Hilfesuchenden. Kommst du auch zu mir, wenn ich dich darum bitte?" fragte ich. "Ja!" lautete seine Antwort.

Es bestand kein Zweifel, er würde für mich wie für jeden anderen da sein, sobald ich rief. Er hält seinen Pakt ein. Folglich muß auch ich die Abmachung einhalten. Jeder einzelne wird benötigt, das Licht in den Herzen der Menschen zu entzünden, sie näher an das Wesentliche, an Gott, heranzuführen und ihnen bewußt zu machen, daß es außer dem grobstofflichen Leben auf diesem Planeten viele feinstoffliche, geistige Welten gibt, die alle miteinander verknüpft sind. Nach dem Mittagessen war Babaji durchs Tal gegangen, hatte eine Strohhütte betreten, in der die Dörfler ihren Tee tranken. Jemand hatte ihm einen großen Teller mit in Fett ausgebackenen Honigkringeln angeboten, die er - als willkommene Delikatesse - an die Anwesenden verteilte. Ich saß in der Sonne und schaute zu. Aus der Hütte tretend, sagte er: "Komm". Gemeinsam gingen wir zu den einhundertundacht Stufen, die zum Ashram hinaufführen. Unterhalb der Treppe ergriff er meinen linken Arm, stützte sich darauf, und da ich nicht unter seinem Gewicht zusammenbrechen wollte, drückte ich dagegen. Gleichzeitig zog er mich die vielen Stufen im schnellen Schritt empor. Ich keuchte, mein Herz schlug zum Zerspringen. Oben angelangt, verschnauften wir und schauten uns schweigend an. Ohne ein Wort zu sagen, bedeutete er mir, ihm meine wenigen Rupien, die ich im Sari für Tee-Unkosten geknotet hatte, als Ausgleich zu geben.

Erst später wurde mir der Sinn dieser Begebenheit klar. Er hatte mich symbolisch die Leiter der Erlösung hinaufgeführt. Als Gegenleistung sollte ich meine Verpflichtung einhalten, ihm bei seiner Arbeit zu helfen. Er stützte sich auf mich. Es wäre nicht leicht, dennoch gemeinsam zu bewältigen. Als Ausgleich für diesen Dienst mußte ich eine Gegenleistung erbringen, hier waren es die Rupien.

***

War ich geographisch von Babaji entfernt, packte mich große Sehnsucht nach seiner Nähe. Träume von ihm halfen mir über diese Zeiten hinweg, milderten ein wenig dieses Verlangen. Weilte ich bei ihm, schwand wider Erwarten die Sehnsucht nicht. Im Gegenteil! Ich konnte mit ihm sprechen, ihn berühren, in seine Augen schauen, aber untrennbar im Geiste mit ihm verbunden sein, das vermochte ich nicht. Es gab Grenzen, die er durchschreiten konnte, für mich waren sie unüberwindbare

Hindernisse. Babaji hatte mir als innere Schau gezeigt, daß noch ein Schritt bis zur Einheit zu bewältigen ist. "Werde eins mit der Welt, dann wirst du eins mit mir!" hatten seine Worte gelautet. Noch heute ist die Sehnsucht da; sie erinnert mich daran, Babaji in allem, was mich umgibt, zu sehen, zu fühlen und wahrzunehmen. Erwacht dann die Liebe in meinem Herzen, weiß ich, daß er es ist, der sich mir kundtut und sagt: "Ich bin in dir, so wie ich in allem Geschaffenen bin."

Dieses Wissen um seine Gegenwart hatte sich langsam entwickelt. Wie eine Frucht reifte es unter Babajis Führung heran, nicht ohne stürmischen Witterungsverhältnissen ausgesetzt zu sein. Die Frage, ob Babaji die Menschheit liebt, hatte sich mir nie gestellt. Seine Handlungen und Worte, jeder Blick aus seinen Augen, jede Geste waren eindeutig. Aber der Tag kam, an dem eine Inderin unter Tränen Abschied von Babaji nahm. Als sie gar nicht aufhören wollte zu weinen, sagte er: "Ich weine niemals, denn nichts auf dieser Welt kann mich berühren. Wer immer kommt und geht, ist geboren und dem Tode preisgegeben. Keinerlei Anhaftung an das Vergängliche ist in mir. Mein Herz ist vertrocknet wie ein Stein. Alle Tropfen haben den Ozean verlassen. Wer kümmert sich um meine Pein?"

Diese Worte verursachten einen Schock. Ich konnte verstehen, daß Babaji, als Mahavatar, keinerlei Anhaftung für das Vergängliche verspürte. Aber, sein Herz sollte vertrocknet sein? Waren seine liebevollen Begegnungen den Menschen gegenüber vorgetäuscht? Spielte er mit dem Mitgefühl? Wenn es wirklich so war, wie konnte er die ungeheure Verantwortung allen gegenüber tragen?

Wie so unermüdlich mit uns und an uns arbeiten? War alles nur Schein? Diese Fragen quälten mich, ließen mir keine Ruhe. Schließlich, nach mir unendlich lang erscheinender Zeit, erhielt ich die entscheidende Antwort.

An erster Stelle steht das Werk Gottes. Die gesamte Schöpfung muß von ihren Banden erlöst und zurück zum Göttlichen geführt werden. Auf welche Art und Weise ist unerheblich, die Zeitdauer unwichtig verglichen mit der Ewigkeit. Ein solches Werk kann nur der vollbringen, der unberührt ist und frei von jeglicher Anhaftung an das Vergängliche. Wie ein Gärtner, der von hoher Warte aus seiner aufgehenden Saat zusieht. Das Wasser des Wachstums ist die Liebe, die göttliche Liebe. Die Saat wird umhegt, überwacht und gedüngt, bis sie Früchte trägt. Verkümmerte, kranke Pflänzlein werden herausgerissen und erneuert... ein ständiges Wachsen und Vergehen. Wie kann der Gärtner an eine einzige Pflanze gefesselt sein?

"Wer kümmert sich um meine Pein?" Bei diesen Worten dachte ich an Babajis seelische Schmerzen. Seine Qualen um das Leid der Welt... einer Welt, die sich selbst zerfleischt... an der auch wir, seine Schüler teilhaben. Jeder unharmonische Gedanke, jede unedle Reaktion oder Tat unseren Mitgeschöpfen gegenüber vermehrte sein Leid. Wurde die Qual zu groß, zog Babaji sich zurück und erbrach das Übel. Er gab das Gift der Welt, das er freiwillig aufgenommen hatte, von sich; ähnlich einem altindischen Mythos. In ihr verschluckte Gott Shiva, als die Götter gemeinsam mit den Dämonen den Ozean aus Milch umrührten, um den unsterblich machenden Nektar zu gewinnen, das Gift, das aus ihm emporstieg. Es verfärbte seinen Hals blau, fortan wurde er Nilikanta, der Blauhalsige, genannt. Auch Babaji rührt im Gift unserer Menschenherzen, bis es emporsteigt, um uns zu reinigen.

Seine Einsamkeit fiel mir auf, wenn er morgens in der Früh allein, in eine Decke gehüllt, über seine Terrasse ging. Still, einsam, rätselhaft. Wie ein Hauch, der unbemerkt vorbeistreicht, wenn man ihn nicht wahrnimmt. Sicherlich hat er mit den großen Weisen, verstreut über alle Welt, kommuniziert, dennoch war er allein. Wer von uns konnte ihn verstehen? Wer konnte ihm bei seiner schweren Aufgabe helfen? Alle, die zu ihm kamen, erhofften etwas von ihm. Wie Kletten hingen sie an ihm, genau wie ich. Die einen ersehnten irdisches Glück, andere mystische Erfahrungen oder kosmisches Bewußtsein.

"Wer kümmert sich um meine Pein?" Diese Worte erschütterten mich ungeheuerlich, so sehr, daß ich, wenn er hustete, oder ich träumte, er fühle sich nicht wohl, das Trayambakam Heilmantra für ihn, so oft ich konnte, rezitierte. Auch bat ich ihn, mir den Husten, der ihn quälte, zu übertragen. Manchmal ließ er mich Musikkassetten in ein Tonband einlegen, dabei griff meine Hand oft unbewußt nach einer Kassette, auf der das Heilmantra gesprochen wurde. Ich legte immer die erste Kassette ein, die mir in die Hand fiel.

Was konnte ich tun, um ihn nicht unnötigerweise mit mir zu beschweren? Meine ganze Liebe konnte ich ihm schenken, aus vollstem Herzen strömte und strömt sie ihm zu. Noch ausgeglichener als bisher wollte ich sein, harmonischer und glücklicher. "Bist du glücklich, so bin ich es auch" waren seine Worte gewesen. Wünsche hatte ich keine, nur einen einzigen, die Einheit mit ihm zu erfahren. Auch diesen verwarf ich und konzentrierte mich ganz auf Babajis Gegenwart. Prompt träumte ich von ihm. Eine Gruppe von Menschen hatte dicht gedrängt um Babaji an einem viereckigen Tisch Platz genommen. Zwischen ihm und mir saß noch jemand. Babajis Arm ruhte auf dem Tisch, ich wollte ihn zaghaft berühren, wagte es aber nicht. Daraufhin drehte er mir den Kopf zu und sagte: "Ich bin immer glücklich! Schau mir ins Gesicht!" Eine große Seligkeit erfaßte mich, als ich ihm in die Augen blickte. Ich packte seinen Arm mit der linken Hand und legte schluchzend meinen Kopf darauf.

***

Die Reise nach Bombay näherte sich. Meine Familie hatte vor zwei Wochen Haidakhan verlassen, als Babaji, auf seiner Terrasse sitzend, zweimal den Namen meines Sohnes aussprach und mich fragte, ob mir "heiß" sei. Mir war nicht sonderlich warm und in mir regte sich nichts, als ich den Namen hörte. "Schreib einen Brief und schicke ihm meinen Segen!" sagte er. Im sonnigen Garten brachte ich einige Zeilen zu Papier. Babaji setzte ein schön geschwungenes Om Namah Shivay darunter. Später in Deutschland, erfuhr ich, daß mein Mann und mein Sohn drei Wochen mit Fieber und Durchfall im Bett gelegen hatten. Deshalb auch die Frage Babajis, ob mir heiß gewesen wäre. Trotz ärztlicher Behandlung waren die fiebrigen Symptome nicht abgeklungen. Endlich war der Brief aus Indien eingetroffen! Er brachte sofortige Linderung und Besserung.

Während ich den Brief schrieb, dachte ich an unseren Sohn und die Erfahrungen, die er bei Babaji gemacht hatte. *Manchmal hatte er ihn rauh angefaßt und uns gesagt, wir sollten ihn abhärten, "ihn ins Feuer und Wasser stellen". "Möchtest du gern verdroschen werden?" fragte Babaji mit zum Schlage erhobener Hand. "Nein", entgegnete das Kind. Als Antwort bekam er einen kleinen Klaps. "Möchtest du jetzt verdroschen werden?" "Nein!" Das Spiel dauerte so lange, bis er schließlich nachgab und zustimmte. Anschließend hantierte Babaji mit einem dünnen Stöckchen und gab vor, sein Ohrläppchen durchbohren zu wollen. Mein Sohn sträubte sich, und fing leise an zu schluchzen. Er hätte fortlaufen können, klammerte sich stattdessen an Babaji, der ihn daraufhin herzte und drückte. Ähnlich hatte er mit meinem Mann in Chilianaula gespielt. Bei der Tempeleinweihung sagte Babaji, er wolle ihn zum Priester des dortigen Tempels ernennen, es sei aber erforderlich, in diesem Amt einen Nasenring zu tragen. "Lass dir gleich den Nasenflügel durchbohren!" Verdutzt antwortete mein Mann daraufhin, mit einem Ring in der Nase könne er unmöglich seinen Beruf ausüben. Das widerspräche den Gepflogenheiten unserer Kultur. Dann solle er den Ring im Ohrläppchen tragen! Nach geraumer Zeit willigte mein Mann zögernd ein. Ein Ohrring war das geringere Übel! Kaum hatte er seine Bereitschaft erklärt, als Babaji abwinkte, es sei nicht mehr nötig. Er wollte die Tiefe der Hingabe und das Vertrauen in seine Führung feststellen.*

Lustig waren die kurzen Unterhaltungen zwischen Babaji und meinem Sohn. Auf einem Mäuerchen sitzend, gab Babaji vor, ihn hinunterstoßen zu wollen. Weinend klammerte er sich an Babaji, der herzhaft lachend ihn auf seinen

Schoß zog. "Magst du mich?" fragte er den Kleinen. "Nein, du magst mich!" "Ich mag dich?" entgegnete Babaji lächelnd und fuhr fort: "Du bist herrlich!" "Nein," antwortete das Kind, "du bist es, der herrlich ist!" Babaji amüsierte sich köstlich. Nun sollte der Junge einen schwarzen Hund in den Arm nehmen. "Du kannst ihn heiraten!" Mein Sohn lachte und wollte nicht. "Warum denn nicht?" "Ich möchte keinen Hund zur Frau!" Aber, er hat doch einen so schönen langen Schwanz!" "Eben deshalb, ich mag keine Frau mit Schwanz und vier Beinen!" Das Kind zog auf Babajis Geheiß seine Shorts aus, die dieser dem Hund über die Vorderpfoten streifte. So hatten sie ihren Spaß miteinander.

Viele dieser Spiele beinhalteten Lehren. Eines Abends, als er beim Darshan neben Babaji saß, setzte dieser ihm eine schwarze Mütze vor das Gesicht. Im ersten Augenblick umgab ihn tiefschwarze Nacht. Babaji flüsterte: "Schau, da sitzt du drinnen!" Langsam gewöhnten sich seine Augen an die Schwärze und er bemerkte feine Lichtstrahlen, die durch die Maschen drangen. Es war, als lichte sich die Dunkelheit, und er sehe das Weltall mit seinen Sternen. Kurz darauf zog ihm Babaji die Mütze vom Gesicht, so daß er ringsum alles erkennen konnte.

Babajis Gegenwart beeinflußte die kleine Seele sehr. Häufig träumte er in der Nacht von ihm. Zur Zeit, als die Russen nach Afghanistan eindrangen, tollte er im Traum mit Babaji in Haidakhan herum. Als sie eine Verschnaufpause einlegten, sagte Babaji, er solle jetzt nach Hause gehen. Er selbst würde in Afghanistan gebraucht, wohin er sich nun begebe! Erstaunlich, daß der Siebenjährige sich den Namen des fremden Landes merkte; damals lernte er gerade Lesen und Schreiben.

In Gedanken überdachte ich die letzten Wochen, die ich allein bei Babaji verbracht hatte. Für mich war er ein riesiger elektromagnetischer Sender. Jede einzelne seiner Zellen empfing und strahlte unvorstellbar vielfältige Informationen aus. An einem dieser Känale hing ich. Äußerlich zeigte er mir ein Radiogerät mit eingebautem Kassettenrekorder. Viele Male mußte ich dieses Gerät morgens aus seinem Ankleideraum auf die Terrasse tragen und, zu seinen Füßen sitzend, Kassetten mit sakraler indischer Musik einlegen. Mir war, als schalte Babaji meine innere Empfangsstation ein. Ich merkte, daß die Nervenkanäle rechts und links neben der Wirbelsäule, die nadis, langsam gereinigt wurden. Das ganze Rückgrat schien in Flammen zu stehen. Physisch fühlte ich mich leichter, als ginge ich auf Wolken. Der Wind pfiff durch mich hindurch, ich war wie eine Feder, durchlässig, ohne Widerstand.

Dennoch war ich mit meinen Fortschritten, Babaji im Inneren wahrzunehmen, unzufrieden. Gern hätte ich, wenn er rief, seine Aufforderung innerlich vernommen, aber meine Kanäle müssen verstopft gewesen sein. "Du schaust nicht hin", sagte er zu mir, als ich ihm eine Tasche mit den Musikkassetten reichte. Er zeigte mit seinem Finger auf einige kleine Staubflocken, die sich in den Ecken der Tasche befanden. "Reinige sie!" Zuerst war ich sprachlos, diesen Behälter hielt ich das erste Mal in den Händen. Dann erinnerte ich mich, daß Babaji manchmal an Situationen Unbeteiligte zur Rechenschaft zog und sie fragte, warum ein Paar Schuhe unordentlich herumstand oder Papierfetzen neben dem Abfalleimer lagen. Entweder sollten solche Bemerkungen den Selbstreinigungsprozeß in Gang setzen, oder man sollte andere bei ihrer Reinigung unterstützen.

Materie hat eine ihr innewohnende Vibration. Je nach ihrer Konsistenz oder Veranlagung schwingt sie langsam oder schneller. Geeignete Verfahren können die Schwingung umwandeln. Ein Stück Eisen zerspringt auf dem Amboß, im Feuer aber wird es geschmeidig. Babaji erhöhte behutsam, aber zielstrebig meine Vibrationen. Um nicht zu zerspringen, kräftigte er mich durch Prasad, flößte mir Zuckerwasser ein oder gab mir gar becherweise von einer für ihn gekochten köstlichen Suppe. "Jeder erhält in dem Maße, wie er zum Wachstum benötigt," hatte mir Babaji in einem Traum gesagt. Er stand in einem wunderschönen Garten mit einer Gießkanne. Blumen aller Farben und aller Größen neigten sich ihm zu. Durch die Reihen der Blütenpacht schreitend, begoß er die Pflanzen. Einige erhielten einen kräftigen hellen Wasserstrahl, andere einen Tropfen, je nach Bedarf. Alle Blumen betrachtete er aufmerksam, keine wurde vergessen.

Ab und zu kochte Babaji auf seiner Terrasse, wenn ein Dörfler vom Feld frisches, nicht alltägliches Gemüse brachte. War das Essen bereitet, ließ er es unter die Anwesenden auf runden grünen Blättern verteilen. Immer war es scharf gewürzt und schmeckte hervorragend. Manche Europäer hatten Mühe, Vitaminstöße aus scharfem, gesalzenen Zitronenfleisch hinunterzuschlukken, oder gar die eingelegten Chilis!

Während der ersten Zeit seines Erdaufenhaltes hatte Babaji nur von Milch und Früchten gelebt, es folgte gekochtes Gemüse, schließlich Reis und im letzten Jahr verschiedentlich Kekse und ein Glas gesüßten Kaffee. Er aß jedoch nicht aus Hunger - wie er nichts aus eigenem Bedürfnis tat -, sondern sagte: "Ihr eßt für euch... ich esse und trinke für die Welt!" Je mehr er sich, - um den Menschen zu helfen und sich ihnen verständlich zu machen - auf unsere Ebene hinabbegab, veränderte er seine Gewohnheiten und nicht zuletzt seine physische Gestalt. Anfangs sprach er nicht, und die Menschen hatten Angst, sich ihm zu nähern. Später redete und scherzte er vermehrt mit den Einheimischen oder schimpfte mit ihnen. Bei den Ausländern zeigte er sich äußerst wortkarg. Mit der Zeit trat auch eine Veränderung seiner physischen Gestalt auf. Die Menschen, die zu ihm kamen, legten ihm all ihr Leid, ihre Last und Krankheiten zu Füßen. Um sie zu erleichtern, nahm er sie auf sich und beschwerte sich damit.

***

Vor dem Tee-shop hatte sich Babaji auf einen alten, dürren Mann mit lederner Haut gestützt. Strahlend, kraftstrotzend, blühend sah er aus. Ein Bild des Lebens, der Ewigkeit und Unvergänglichkeit. Der Inder wirkte schlaff, matt... vergänglich. "Richte deine Gedanken immer auf das Ewige", hatte mir ein Weiser gesagt. "Alle Freude, alle Kümmernisse, das Glück, das Leid vergehen... Menschliche Liebe ist eigennützig. Wer liebt, will fesseln. Nur Gottes Liebe ist selbstlos." Babaji sagte einmal: "Wenn du von der irdischen Liebe gesättigt bist, komme zu mir!... Wer in Liebe kommt, dem werde ich eine nie geahnte Liebe zeigen!" Es sollte nicht lange dauern, bis ich sie erfuhr.

Gestern wurde Babaji von einem Amerikaner gefragt, wie alt er sei. Neuntausend Jahre sei er in diesem Körper... und unsterblich. Schon als Krishna sei er vor 5.635 Jahren da gewesen, als Rama vor 130.000 Jahren. Jahrtausende taten beide Buße für die Welt in einer unterirdischen Höhle und in einem Dhuni. Am selben Abend erzählte Babaji in seinem Ankleideraum von unsterblichen Wesen und wie schön es auf dem Kailashberg ist, den Gott Shiva bewohnt. Schneebedeckt, in gleißendes Licht gehüllt, ist er die Wohnstätte göttlicher Wesenheiten und unzähliger Tiere. Die farbenfrohe Blütenpracht und der betörende Duft der vielfältigen Flora ist unvergleichlich. Eine nie beschriebene Glückseligkeit breche aus, sobald Shiva diesen Ort betritt... Babaji stand etwas erhöht und schaute uns aus seinen schwarzen Augen an, während er mit dem Kamm durch seine lockigen Haare fuhr und die Schönheiten dieses Reiches beschrieb. Mir wurde ganz wehmütig ums Herz, meinen Sari, der beim Wasserschöpfen im Badezimmer naß geworden war, spürte ich nicht. Fasziniert betrachtete ich Babaji. Er war zum staunenden Kind geworden angesichts der Herrlichkeit Shivas.

Die Symbolik dieser Erzählung konnte mir nicht entgehen. Der Scheitelpunkt, als höchstes Geisteszentrum im Körper, ist gleichzusetzten mit Shiva. Welche Wonne muß es sein, wenn die am unteren Punkt der Wirbelsäule liegende Energie, die Kundalini, aufsteigt, und sich mit ihm vereint! In den letzten Tagen hatte ich nur an die Verpflichtungen und die Bürden gedacht, die Babaji jedem auferlegt. Ich hatte vergessen, wieviel Verheißungsvolles der geistige Weg in sich birgt!

Das Gautama Ganga Tal bei Haidakhan

Kapitel Fünf

Bombay. Die Temperatur war angenehm warm. Eine leichte Brise wehte vom Meer herüber. Ich lag auf einer Matratze in einer der vielen Garagen, die im Hinterhof eines Hochhauses für die Besucher hergerichtet worden waren. Die Garage bestand aus vier Betonpfeilern ohne Seitenwände. Um sie von den anderen als kleine private Sphäre abzutrennen, waren bunte Stoffplanen zwischen den Pfeilern gespannt. Auf dem Erdboden lagen jeweils fünf Matratzen mit sauberen Laken bezogen. Wurden die überlappenden Planen am Eingang zurückgeschlagen, fiel der Blick auf einen riesigen Hof, auf dem ein großes Festzelt stand. Im linken hinteren Viertel befand sich eine Feuergrube und, getrennt davon, das Eßzelt mit zahlreichen Tischen und Stühlen. Eine Truppe Köche bereitete drei Mahlzeiten täglich für eine unvorausseh-bare Menschenmenge zu. Jeder wurde beköstigt, der sich zu den Mahlzeiten einfand. Welch bewundernswerte Organisation! Babaji sollte in einer der Wohnungen des Hochhauses ein Zimmer beziehen. Mehrere Parteien hatten ihn gemeinsam eingeladen.

Ich teilte die Garage mit drei weiteren Frauen. *Zu Viert waren wir vor drei Tagen zusammen mit Babaji im Lastwagen vom Ashram nach Haldwani gefahren und von dort allein in einem Taxi nach Delhi. Wir hatten Anweisungen für die Übernachtung in Delhi und für den Weiterflug nach Bombay erhalten. In Bombay sollten wir uns bei einer bestimmten Familie melden.*

Babaji war vor uns in Delhi eingetroffen. Als ich ihn beim Darshan inmitten der vielen Menschen sitzen sah, wie er pausenlos einen nach dem anderen segnete, hier und da ein Wort sprach oder lächelte, plagte mich erneut die Frage, was er für die Menschen empfinde. Unermüdlich diese Güte und Liebe vorzutäuschen, war gewiß unmöglich. Am folgenden Morgen beim Chandan vor unserem Flug nach Bombay hatte mich Babaji mit festen Griff unwirsch angefaßt, ruckartig den Kopf zu sich herumgedreht und mir, entgegen seiner Gewohnheit, den roten Kum-kum Punkt schief zum rechten Auge mit deutlichem Druck auf die Stirn gesetzt. Dieses Gebaren bekümmerte mich, sah ich darin die Folge meiner fragenden, etwas zweifelnden Gedanken. Den Flug versüßte Babaji uns mit einem Korb herrlichster Früchte und meine Bedrückung verflog in der Unterhaltung mit einer älteren Italienerin, die uns begleitete. Sie war hellsichtig und erzählte mir von Babaji, den sie hier und da sah, über uns, zwischen uns, neben uns.

In Bombay angekommen, suchten wir die uns genannte Familie auf. Sie sollte sich um unsere Unterkunft kümmern, waren wir doch per Flugzeug den anderen Schülern vorausgeschickt worden. Babaji hatte uns nie in den Massenunterkünften in Haidakhan schlafen lassen. Folglich glaubten wir, eine Unterkunft in einer der Wohnungen des Hochhaus zu finden. Groß war unsere Überraschung, als wir mit unserem Gepäck in eine der Garagenboxen auf dem Hof verwiesen wurden. Die Komik dieser Situation ertrugen wir mit viel Humor. Mir war es egal, wo ich schlief, selbst eine Erdmulde in Babajis Nähe wäre der Himmel auf Erden gewesen.

Nach und nach trafen weitere Schüler ein. Über ganz Bombay waren sie komfortabel bei Einheimischen untergebracht. Die ältere Dame, gesundheitlich etwas angegriffen, war nicht ganz glücklich über ihre Situation. Die sanitären Anlagen im Hof mußten mit allen im Hause Beschäftigten geteilt werden und entsprachen nicht ihren Bedürfnissen. Niedergeschlagen saß sie auf ihrer Matratze. Ich erhob mich, ging auf sie zu und nahm sie impulsiv in die Arme. Wie ein Kind schmiegte sie sich an und verharrte reglos. Plötzlich und unerwartet - einer feurigen Eruption gleich - ergriff eine ungeheure, nie zuvor gefühlte Liebe mein ganzes Wesen. In diesem gewaltigen Strom löste sich mein Sein auf. Ohne Körperbewußtsein, gedankenleer, hatte meine körperliche Existenz aufgehört zu bestehen. Formlos schwamm ich in der Liebe, einer Liebe ohne Begrenzungen und wurde zur Liebe selbst. Unbeschreiblich, unfaßbar. Wie lange ich in diesem Zustand verharrte, Minuten, eine Ewigkeit, weiß ich nicht. Jegliches Zeit- und Umweltgefühl war mir verloren gegangen... Dann, nach einer langen Zeit, regte sich, - aus dem Unbeweglichen, Formlosen, der Einheit jenseits aller Dualität -, der erste Hauch einer leichten Bewegung im Geiste, ein sich langsam manifestierendes Bewußtsein nahm Form an... die erste flüchtige Wahrnehmung vom "Ich". Noch in den höchsten Höhen schwebend, formulierte sich langsam ein erster Gedanke: "Was tust du?" Weiter und weiter sank mein Bewußtsein herab, verdichtete sich und endlich nahm ich die Frau in meinen Armen wahr. Auch sie regte sich jetzt und sagte: "Ich trank aus dir!" Diese kosmische Liebe, die alles durchdringt und umgibt, war Babajis Wesen, der Sat-chit-ananda-Zustand, aus dem heraus er handelt. Nun hatte ich seine Worte verstanden, die von einer unermeßlichen Liebe sprachen, die er uns allen zeigen wollte... und ich hatte die Schöpfungsgeschichte nachvollzogen! War dieses, mich so erschütternde Erlebnis, die Folge des unwirsch verstärkten Druckes seines Fingers an meiner Stirn gewesen?

Einen Tag nach Babajis Ankunft fand das Shivratri-Fest statt, ein Feiertag, der zu Ehren des Gottes Shiva begangen wird. Früh um drei Uhr versammelten sich viele Menschen bei der Gastfamilie. Dicht gedrängt saßen sie auf dem Teppich und sangen Kirtans in einer von Hingabe, Verehrung und Liebe durchdrungenen Atmosphäre. Vereinzelt wurden die Schüler aufgerufen, einer nach dem anderen reihte sich ein in die Schlange der Wartenden, die Schüler aus Bombay, aus Kalkutta, die Ausländer und so fort. Alle drängten hin zu Babaji. Er saß in tiefster Meditation auf einem niedrigen Holzschemel im Badezimmer, bekleidet mit einem Dhoti, einem Lendenschurz, und einer Brahmanenschnur. Im Lotussitz, reglos, hielt er den Kopf etwas vorgeneigt, die Hände locker gefaltet. Er hatte eine Haltung angenommen, daß jeder, der an ihm vorbeizog, seine Hände, Knie und Füße mit lauwarmer Milch begießen konnte. Wie ein Kind, zerbrechlich, überirdisch schön sah er aus. Mir stockte der Atem. Ergriffen, mit Wehmut im Herzen, benetzte ich ihn und ging an ihm vorüber.

In dem geräumigen Wohnzimmer schwoll der Gesang zu einem gewaltigen Crescendo, der erst langsam bei Beginn der Chandanzeremonie wieder verebbte.

Wie in Kalkutta besuchte Babaji seine Schüler auf ihr Bitten hin. Im Fahrstuhl des Hochhauses fuhr er von

Wohnung zu Wohnung, oder kreuz und quer durch Bombay. Zweimal täglich, morgens und am Nachmittag gab er Chandan. Der Andrang war fast nicht zu bewältigen gewesen. In der Früh erschienen jeweils über achthundert Personen! Unermüdlich mit eiserner Disziplin bewältigte Babaji das straffe Programm und fand dennoch Zeit für jeden. Unbegreiflich! Einmal hatte ich gefragt, woher er sein Energiepotential nähme. Als Antwort hatte er sich der Sonne zugewandt, in den Himmel geblickt und einen durch Solarzellen betriebenen flachen Taschenrechner in die Sonnenstrahlen gehalten!

Nach dem Shivratrifest verebbte der Menschenstrom. Die aus entfernten Städten Angereisten, kehrten nach Hause zurück, die belegten Zimmer im Hochhaus wurden frei. Einer der Mieter, der uns aus Haidakhan kannte, fragte, ob wir in seine Wohnung ziehen wollten. Wir lehnten dankend ab, um Babaji nicht vorzugreifen. Prompt rief er die junge Frau zu sich, die bei den Indern durch ihre zahlreichen Publikationen bekannt war. Umringt von Schülern aus Dehli fragte Babaji: "Wo bist du untergebracht?" "Unten im Hof." Die Zuhörer wurden verlegen und blickten sich betroffen an. Sie hatten alle durchweg auf Einzelzimmer mit Bad bestanden. Keiner wäre in die Garagen gezogen. Am selben Abend erhielten wir zu Dritt ein komfortables Zimmer mit Bad. Die ältere Italienerin war unterdessen wegen ihrer unverändert körperlich schlechten Verfassung abgereist.

***

Mein Visum für Indien lief bald ab. Babaji würde noch viele Wochen auf Reisen sein. Damals, in Haidakhan, hatte er nur davon gesprochen, mich nach Bombay mitzunehmen. Ich vermutete, daß ich, sobald Babaji abreiste, nach Deutschland zurückkehren sollte. Mein Ticket müßte umgeschrieben und der Flug gebucht werden. Dieser Gedanke behagte mir nicht, ich schob ihn weit von mir. Ich konnte mir nicht vorstellen, nach Hause zurückzukehren. Als mir diese Gedanken durch den Sinn gingen, wartete ich in einer Wohnung auf Babajis Erscheinen. Eine neben mir sitzende Schweizerin sprach mich an. Sie hatte Babaji erst kürzlich getroffen und war sich noch im Unklaren, wer er sei. Gewiß, er hatte ihr Herz berührt, dennoch befand sie sich in einem Zwiespalt. Ich antwortete ihr, daß Babaji alles für mich bedeute, daß er mich zum Leben erweckt hätte. Ohne ihn wäre mein Leben inhaltslos, sinnlos, wie das von Millionen anderer Menschen. Die Liebe für die Schöpfung, für Gott, hatte er in mir entfacht. Wer diese beschützende Liebe nicht kennt oder erfahren hat, ist eine leblose Puppe. Alles könne er ihr geben, ich vertraute ihm hundertprozentig, gleich was er von mir verlange. Er lese in meinem Herzen, kenne jede Regung. Nicht einen Deut würde ich von dieser tiefen Überzeugung abrücken... Mitten beim Sprechen betrat Babaji den Raum. Ein Apfel landete in meinem Schoß. Im Türrahmen stehend, hatte er ihn mir, die Unterhaltung zur Kenntnis nehmend, zugeworfen.

Als wir später mit dem Taxi zurück zum Festzelt kamen, saß Babaji bereits auf seinem Sitz und gab Darshan. Während ich den Kopf in seinen Schoß legte, hielt er lange meine Hand mit seinem Fuß fest und winkte mir, mich freigebend, an seine Seite zu treten. "Wann läuft dein Visum ab?" "Am 4. März". "Möchtest du bleiben? "

Ohne Überlegung schoß ein "Ja" aus mir hervor. "Verlängere dein Visum!", war die Antwort. Gleichzeitig stellte er mir einen Orts- und Behördekundigen zur Seite.

Bis zum Nachmittag hatte ich alle nötigen Unterlagen bei der Ausländerbehörde eingereicht und kehrte rechtzeitig zum Darshan zurück. Vor Babaji stehend, sagte er: "Du bleibst fünf Monate!" Zuerst verstand ich seine Worte nicht. "Du darfst fünf Monate bleiben!" wiederholte er und streichelte leicht meine Hand. Freude und Jubel erfüllten mich. War das die Belohnung für mein Vertrauen in ihn?

Die Tage in Bombay neigten sich ihrem Ende zu. Am letzten Vormittag schaute ich einem Havan zu. Shastriji stand hinter Babaji und rezitierte Mantren. Am Ende der Feuerzeremonie wird das verbleibende Körnergemisch in fünf gleiche Teile aufgeteilt und auf Anweisung in die Flammen geworfen. Hinter Babaji stehend, hielt Shastriji fünf Finger in die Luft, als Zeichen, den Rest aufzuteilen. Bevor er "panch?" (fünf) fragen konnte, hatte Babaji zustimmend genickt, obwohl er diese Geste unmöglich hatte sehen können. "Er sieht und weiß doch alles, nicht der flüchtigste Gedanke entgeht ihm", schoß es mir durch den Sinn. Prompt schaute Babaji zu mir hin, und nickte kräftig als Zustimmung mit dem Kopf.

Noch am selben Vormittag bestiegen wir, die Babaji auf seiner Reise zu den verschiedensten Ashrams begleiteten, einen Zug nach Vapi, einem kleinen ländlichen Ort, zwei Stunden von Bombay entfernt. Die vorüberfliegende Landschaft war karg, die Luft trocken. Hier und da ragte ein Baum aus Dornengestrüpp hervor. Ich fuhr einer anderen Reiseetappe entgegen. Vor wenigen Stunden, als ich kurz vor unserer Abreise sinnend aus dem Fenster schaute, glaubte ich, mich in einem Schiff zu befinden. Eine Palme hatte sich im Winde gewiegt, der vom Meer herüberwehte. Der blaue Himmel und die tanzenden grünen Palmenblätter hatten mir den Eindruck vermittelt, ich befände mich auf einem großen Schiff mit Babaji als Steuermann, der, hoch in den Himmel ragend, das Boot sicher durch tobende Stürme und hohe Wogen steuert.

Die Gastfamilie in Vapi wohnte außerhalb der Stadt auf einem Landsitz. Babajis Zimmer lag in einem Pavillon inmitten eines Parks. Zu Dritt bezogen wir weiter entfernt ein Zimmer in einem großen Steinbau. Wir waren ein lustiges Gespann. Ich fühlte mich in meine Mädchenzeit zurückversetzt, so frei und froh. Um nichts brauchten wir uns zu kümmern, für alles war gesorgt. Wir hatten einen Schlafplatz, genügend zu essen, es war warm, die Verantwortung trug Babaji. Wohin er uns führte, dahin gingen wir.

In Vapi waren mehrere Besuche im weit entfernt liegenden Ashram eingeplant. Wie eine grüne Oase lag er im kargen, mit hohe Kakteen bewachsenen Land, umsäumt von runden Hügelketten. Ashrameigene Mangoplantagen geben der unterentwickelten Landbevölkerung Arbeits- und Einkommensmöglichkeiten. Neben dem Ashramgelände standen die runden Hütten der Einheimischen, um die sich Zebukühe und Hühner tummelten.

Als wir in die Auffahrt einbogen, begrüßten uns viele dunkelhäutige Frauen. Wie bunte Djungelblumen sahen sie aus mit riesigen Wasserkrügen auf den Köpfen. Ihre farbenprächtigen Saris waren zu bequemen hosenartigen Dhotis gebunden. Bei Babajis Anblick strahlten sie über das ganze Gesicht und ihre weißen Zähne blitzten. Babaji ließ halten, eine Inderin steckte mir auf sein Geheiß einen Packen Rupienscheine zu, die ich unter den Frauen verteilte. Ihre Freude darüber spiegelte sich in ihren lächelnden Gesichtern wider.

Unter einem ausladenden schattigen Mangobaum wurde in einem gefüllten Festzelt Arti zelebriert und Kirtan gesungen. Von weit her war die Bevölkerung zu Fuß herbeigeströmt. Einige waren tagelang gelaufen. In der Menge sitzend, betrachtete ich das fremdartige Volk. Sie unterschieden sich im Aussehen stark von den anderen indischen Rassen, die ich bisher kennengelernt hatte. Ich fühlte mich um Jahrhunderte zurückversetzt. Hier lag die Aufgabe des Ashrams. Durch Beschaffung von Arbeitsplätzen, einem Sanitätsdienst und einem auf Gott ausgerichteten Leben konnte ihr Existenzminimum angehoben und verbessert werden.

***

In der Früh, beim Kirtansingen, hatte Babaji mich gerufen und mich angewiesen, meinen Namen in die Liste für die Fahrt nach Ambaji einzutragen. Mit vier weiteren stand er nun auf einem Zettel. Anschließend war Fahrgeld für den Bus eingesammelt worden. Wenig später, als alle um die Yagnagrube standen, erhielt ich das Fahrgeld zurück mit der Bemerkung, ich solle nicht im Bus mitfahren. Näheres war nicht zu erfahren. Ich war beunruhigt. Sollte ich nicht mitreisen? Nie wußte man, was Babaji plante. Prompt lief ich nach dem Yagna, als Babaji allein auf das Haus des Gastgebers zuging, zu ihm, und fragte: "Baba, ich darf nicht mit nach Ambaji?" "Nein, du fährst morgen nach Hause." Ich war erstaunt. "Ich soll morgen fahren?" "Ja! "Meinst du das wirklich ernst?" "Ja, du fährst morgen!" "Gut, dann fahre ich!" Ich war fest entschlossen, morgen abzureisen. Vielleicht brauchte mich meine Familie?

Traurigen Herzens suchte ich in meinem Koffer nach dem Flugplan. Es gab zwei Flüge pro Woche ab Bombay nach Frankfurt, der nächste war Morgen früh um fünf Uhr dreißig. Das hieße, ich müßte gleich meine Sachen zusammenpacken. Schnell wollte ich Babaji Bescheid geben.

Auf dem Wege zu ihm bat ich einen gut Englisch sprechenden Inder, mir beim Übersetzen behilflich zu sein. Babaji saß auf einer Schaukel im Wohnzimmer, als ich zu ihm trat. Mit klopfendem Herzen sagte ich: "Es gibt zwei Flüge in der Woche, morgen ist der nächste." "Flüge wohin?" Wohlweislich hielt ich den Mund. "Hast du deine Visumsverlängerung?" "Ja!" "Dann ist alles in Ordnung." "So darf ich mit nach Ambaji?" Babaji nickte und mir fiel ein Stein vom Herzen. Später stellte sich heraus, daß ich in einem Privatauto mitfahren sollte. Aus diesem Grunde war mir das Fahrgeld zurückgegeben worden. Dieses Spiel, typisch für Babaji, beruhte auf meiner mangelnden Einsicht in die gegebenen Umstände, ... in den göttlichen Plan... entstanden durch Kommunikationsschwierigkeiten. Äußere Begebenheiten hatten mich verunsichert, und ich war nicht auf mögliche Veränderungen vorbereitet gewesen.

Babaji schaukelte ein wenig auf der Hollywood-Schaukel hin und her, sprang dann auf und winkte mir, ich solle mit in sein Auto steigen. Diesmal ging die Fahrt zu einer riesigen Obstbaum-Farm. Im Schatten eines Lycheebaumes waren ein Korbstuhl und ein Tischchen aufgestellt. Ein großer gefüllter Teller mit reifen Lychees stand darauf. Es war still und harmonisch. Die Zweige der Bäume bogen sich unter den Früchten. Welch schöner Ort! Babaji mußte diesen Gedanken aufgegriffen haben, denn er holte mich zu sich und goß mir aus seinem Trinkglas Wasser auf das Haar. Er schüttete den gesamten Inhalt über mir aus, so daß meine rechte Seite naß wurde. Wenn immer Babaji, wie hier, Wasser benutzte, bedeutete diese Handlung eine Reinigung. In manchen Häusern ließ er sich gläser- und kannenweise Rosenwasser geben. Gezielt warf er es an die Zimmerdecke, von wo es auf die Schüler tropfte. So waren die Benetzten nicht nur symbolisch gereinigt, sondern dufteten auch noch aetherisch nach Rosenöl.

Ohne Worte arbeitete Babaji innerlich an mir und öffnete mich mehr und mehr. Seit dem Erlebnis des Sat-chit-ananda- oder Samadhi-Zustandes in Bombay verstärkten sich zusehends die Glückzustände. Es war, als weite sich mein Herz, als vergrößere es sich, und ein alles mitreißender Strom floß aus ihm hervor, wenn immer ich konzentriert an Babaji dachte. In seiner Nähe fiel ich von einem Bewußtseinszustand in den anderen. Eine spiralenförmige Energie, ausgehend vom tiefstem Punkt der Wirbelsäule manifestierte sich, dehnte sich nach oben hin aus, wenn sie rotierend meinen Körper durchfloß. Sie drängte zum Scheitel, um hinausgelassen zu werden. In diesem Zustand wurde mir bewußt, wie sehr meine Seele mit Babaji verbunden ist.

***

Auf dem Wege nach Ambaji über Ahmedabad, der Hauptstadt des Staate Gujarat, hielten wir über Mittag bei einem Industriellen, der Babaji durch seine Fabriken führte. Er durchwanderte die Fertigungshallen und stetzte sich kurz an das Managerpult, so als wolle er sagen: "In Wirklichkeit bin ich es, der sämtliche Fäden in den Händen hält!" Manchmal hatte es den Anschein, als würde Babaji von Familie zu Familie weitergereicht. Alle sollten seinen Segen erhalten. Große Aufregung herrschte bei den neuen Schülern, die er zum ersten Mal besuchte. Sie bemühten sich, ihm zu Ehren ihr Bestes zu geben. Die Damen empfingen ihn in ihren herrlichsten Seidensaris, die Kinder verneigten sich ehrerbietig und die Herren führten ihn über das Anwesen und filmten mit neuesten Videogeräten das denkwürdige Ereignis. Im Garten wurden den Gästen auserlesene Speisen, wie in einem Luxus-Restaurant, in silbernen Schüsseln serviert. Alles war exquisit, und jeder freute sich über die Aufmerksamkeiten.

Babaji wurde in Ahmedabad erwartet. Die Fahrt dorthin führte durch herrliche Landschaften. Unzählige Teiche, Palmen und Lehmhäuser säumten die Straßen. Viele Häuser hatten ihren See vor der Tür, zu dem gemauerte Stufen hinabführten. Halbnackte Kinder spielten oder tummelten sich im Wasser, Karren mit großen Rädern, gezogen von schwarzen Wasserbüffeln fuhren an grünen Reisfeldern vorbei. Ein Paradies der Beschaulichkeit! Unveränderter Lebensstil seit Jahrhunderten! Welcher Kontrast zu dem Getümmel der Menschenmassen in der Hauptstadt und dem Festzelt, das in einer Gasse der Altstadt, gleich neben dem Haus des Gastgebers, errichtet worden war. Sämtliche Bewohner Ahmedabads schienen auf den Beinen zu sein, um Babaji zu sehen. In religiöser Ekstase drängten die Menschen zu Tausenden zu ihm hin. Um die Menge daran zu hindern, das Podest zu stürmen, bildeten die Schüler lebende Ketten und ließen jeweils nur eine Person zu Babaji vor. Ein Funke hätte genügt, um unkontrollierte Raserei auszulösen. Unberührt von der Aufregung saß Babaji still auf seinem Sitz, während Om Namah Shivay Klänge aus Lautsprechern über die Straßen schallten. Endlich, um Mitternacht, verebbte der Menschenstrom.

***

Ambaji. Ein reizvoller Ort, inmitten eines Tales, umgeben von hohen Bergen, ist der göttlichen Mutter Amba geweiht. Das hervorstechendste Merkmal dieser Landschaft ist ein Berg, dessen linke Flanke - scharfkantig, einem Rasiermesser gleich -, schräg über dem Land thront, so, als wolle er jeden Augenblick umstürzen. Ein Anziehungspunkt für viele Verehrer der Göttlichen Mutter ist der großartige Amba-Tempel in der Altstadt. Er liegt inmitten unzähliger kleiner Gassen mit bunten Buden und Lädchen.

Etwas außerhalb der Stadt befindet sich ein kleiner Ashram, gebaut über einer uralten Höhle, in der der

Weise Valmiki das "Ramayana Epos" aufzeichnete. Einige Stufen führen zu der verschließbaren Höhle hinab. In ihr kann tagelang ungestört meditiert werden; eine kleine Öffnung, durch die Wasser oder Tee gereicht wird, ist die einzige Verbindung zur Außenwelt. Auf der gegenüberliegenden Straßenseite befindet sich ein größerer, alter Tempel, in dem, in zwei riesigen Steinbecken, das Wasser des Saraswati-Flusses aufgefangen wird. Es soll Segen bringen, darin zu baden.

Hier lebte der zeitgenössische Heilige, Mahendra Baba, der Babajis Erscheinen der Welt verkündete und ihn sogar mit seinen Narben an den Armen und Beinen beschrieb. Er bereitete die Ankunft Babajis in unserer Zeit vor.

In der Innenstadt stand auf einem freien Platz ein buntes Festzelt. Um den Menschenandrang in Griff zu bekommen, waren an den Zugängen dicke Seile gespannt. Babaji saß auf einer Tribüne, rechts und links von Schülern umgeben. Stundenlang defilierte die Bevölkerung an ihm vorbei. Es war unmöglich, zum Darshan vorzugehen. Klassenweise traten Mädchen und Jungen in ihren traditionellen Trachten auf. Die Mädchen trugen große Wasserkrüge aus Ton auf ihrem Kopf, die Jungen hielten Blumensträuße in den Händen. Die Priester des Amba-Tempels machten Babaji ihre Aufwartung und luden alle Anwesenden zu einem Mahle ein.

Ab und zu war das Wort Prozession gefallen. Babaji sollte in einem Jeep durch die Stadt fahren. Auf der Reise hatte ich den größten Menschenandrang erlebt, doch dieser hier übertraf alle Erwartungen. Als wir früh morgens die Stelle erreichten, von der aus Babaji im Jeep die Stadt durchfahren sollte, säumten die Menschen zu Abertausenden die Straße. So weit der Blick reichte, nichts als Menschen, große und kleine, junge und alte, braune und hellbraune, gut gekleidete und ärmer gekleidete. Alle standen da und warteten. Endlich war es so weit, Babaji bestieg unter lautem Jubel einen blumengeschmückten, offenen Jeep. Ganz in Weiß, mit roter Samtveste und gelbem Seidenturban saß er, etwas erhöht, inmitten einer Blumenfülle. Die Kühlerhaube des Jeeps, die Sitze, die Seiten, die Türen leuchteten in der gelben Pracht der Tagetesblüten und -kränze. Im Schritt-Tempo ging es durch die Straßen. Vor dem Gefährt liefen einige Ordnungshüter, um den Weg von Menschen frei zu halten. War der Wagen hindurch, schloß sich sogleich die Lücke. Ich hielt mich während der Prozession an der Seite des Jeeps fest und konnte so den Triumphzug Babajis durch die Stadt miterleben. Die Menschen hingen aus den Fenstern, standen auf den Dächern, saßen auf Straßenlaternen und warfen Blumen in die Luft. Das Kopfsteinpflaster der Wege, die gelegentlichen Pfützen und den spritzenden Matsch an meinen Füßen und Beinen spürte ich nicht. Ich hatte nur Augen für Babaji, der mir ab und zu lächelnd in die Augen sah. Wie begnadet sind die Menschen hier, deren Leben so tief in der Religion verwurzelt ist. Welche Kraft und welchen inneren Reichtum sie daraus schöpfen können!

***

War ich hungrig? Hungrig und voller Sehnsucht, daß sich das Göttliche in mir offenbart? Jahre habe ich innerlich danach geschrieen, Babaji immer und immer wieder gebeten, mir den Hunger zu stillen. Mit anderen Schülern saß ich in einem Luxusbus, als mir diese Gedanken durch den Sinn gingen. Eine karge Wüstenlandschaft flog an uns vorbei. Nomaden mit ihren Kamelkarawanen säumten die Straße, andere hatten ihre Zelte - aus bunten Stoffresten und Flicken zusammengenäht - im gelben Wüstensand aufgeschlagen. Wir folgten Babaji, der im Jeep vorausgefahren war nach Sihor. Bei diesen Gedanken an meine Sehnsucht mußte ich schmunzeln, ich erinnerte mich daran, wie Babaji manchmal scherzhaft darauf reagiert hatte.

Eines Nachmittages hatte ich ihm erzählen wollen, daß mein Sohn an leichtem Fieber und Halsschmerzen litt. Nicht sattelfest im Hindi, vergriff ich mich in der Wortwahl und sagte anstatt "bukar", was krank bedeutet, "buki", hungrig. Babaji schaute mich erstaunt an, lachte leise und ließ mir durch eine Inderin den Sinn meines Satzes übersetzen. "Mein Sohn ist eine sehr hungrige Person" hätte ich gesagt. Fortan zog mich Babaji öfters mit diesem Lapsus auf: "buki, huki, kuki.." und lächelte dabei. Sobald die Sehnsucht in mir überhand nahm, ich betrübt darüber war, wie wenig ich selbst zu deren Sättigung beitragen konnte, fragte mich Babaji: "Bist du hungrig?" oder ging dicht mit den Worten: "kuki, huki..." an mir vorbei. Einmal schaute er mir sogar in den Mund und flößte mir aus seinem Becher Zukkerwasser ein!

Die ungeheure Sehnsucht, mit dem Göttlichen zu verschmelzen, spiegelte sich in meinen Träumen wider. Als ich darüber zu Babaji im Traum sprach und sagte, ich wolle die Einheit, deutete er mit seiner Hand auf eine andere Gestalt in der Nähe und fragte: "Und jener?... Du mußt ihm helfen, den gleichen Weg zu gehen!"... Wie recht hatte er. In allen Menschen steckt die Sehnsucht nach dem Göttlichen. Nur wird sie oft mißverstanden und mit der Jagd nach Befriedigung von Wünschen verwechselt und vorübergehend gestillt.

Ein andermal betrat ich in meiner Traumgestalt weinend vor Sehnsucht Babajis Zimmer. Er lag auf einer bunten Matte und spielte mit einem Kind. Ich ging auf ihn zu und umklammerte seine rechte Hand. Als Antwort legte er mir seine linke Hand auf den Scheitel und massierte ihn leicht. Nach einer Weile wollte er mir die Hand entziehen; ich hielt sie jedoch fest. So setzte er seine Massage fort. Endlich war es Zeit zu gehen. Mit Sehnsucht erwachte ich... "Was machst du nur?" fragte Babaji am nächsten Morgen.

Beschwerte ich mich innerlich über mein Unvermögen, seine Stimme deutlich in mir zu vernehmen und sagte ich ihm im Laufe des Tages etwas auf Hindi, tat er, als verstünde er mich nicht. Er ließ sich meine Worte übersetzen!

War ich noch immer hungrig? In gewisser Weise ja, andererseits nahm ich vermehrt wahr, daß Babaji in mir ist, in allem, was mich umgibt. Ich muß nur meinen Blick geschärft nach innen richten.

***

In Sihor, einem kleinen Städtchen inmitten eines kargen Landstriches, war es sehr heiß. In der Mittagszeit staute sich die Luft. Kühlung trat erst in den späten Nachmittagsstunden auf. Gleich beim ersten Darshan nahm Babaji Bezug auf meine Gedanken über die Einheit, die mich während der Busfahrt beschäftigt hatten. Er schenkte mir ein Perlenkrönchen. Eine neben mir sitzende Inderin erklärte mir unaufgefordert das Symbol dieser Gabe. Er bedeute "Hochzeit" sagte sie, "Vereinigung und Einheit"... ein solches Krönchen tragen die Bräute an ihrem Hochzeitstage. Babaji wollte mir wohl sagen, daß die Einheit längst vollzogen sei, ich es aber noch nicht wisse. In der selben Nacht forderte er mich im Traume auf, zu ihm zu kommen. Er saß in schwindelerregender Höhe auf der äußersten Spitze eines hohen Baumes. "Komm", rief er und winkte mit seiner Hand. Doch es war mir unmöglich, seinem Ruf Folge zu leisten.

Hier im Festzelt kündete Babaji eine Veränderung an, die sich bald im äußeren Verlauf der Ereignisse kundtun würde. In all den Jahren seines Erdaufenthaltes wurde er "Bhole Baba", der "einfache Vater", der leicht zufrieden zu stellen war, genannt. Wohin er kam, ertönte der Ruf "Bhole Baba ki Jai" (Ehr' und Preis dem einfachen Vater). Eines Tages hatte er gesagt: "...Nicht mehr Baba... nur der Wille Gottes!..." und hatte fortan seine Schüler aufgefordert, "Jai Mahamaya ki Jai" zu rufen, was so viel bedeutet wie "Ehr' und Preis der großen göttlichen, weiblichen Energie."

Wollte Babaji einen Wandel im Weltenverlauf andeuten? Überall auf Erden nimmt die Verehrung der Gottesmutter zu in Form von Marienverehrung oder den Glauben an Durga, Kali und dergleichen mehr. War hiermit der Umbruch der Zeitalter gemeint, die Wandlung eines auf Konkurrenzkampf, Ausbeutung und Unterdrückung begründeten Bewußtseins zu Gunsten eines ausgleichenden, beschützenden, intuitiven Prinzips?

Als ich mich eines Morgens anläßlich einer Feuerzeremonie innerlich darüber beschwerte, daß wieder nur Männer um die Feuergrube säßen und ich still bei mir dachte: "Die reinste Männergesellschaft! Eine solche Ungerechtigkeit darfst du nicht dulden. Sie muß abgeschafft werden!" hatte Babaji seinen Kopf gehoben, ihn mir zugedreht und eindeutig mehrmals zustimmend genickt. Um mich zu vergewissern, daß er mir auf meine Klage antwortete, fragte ich nochmals: "Ist dein Nicken die Antwort auf meine geforderte Gerechtigkeit?" Babaji hatte abermals zustimmend genickt.

Oder war der Hinweis einer Wandlung auf seine Person bezogen? Ich dachte an meinen Traum, in dem mir Babaji gesagt hatte: "Bald werde ich diesen physischen Körper verlassen." Diesen Fingerzeig hatte ich vergessen, ihn verdrängt, weil ich diese Ungeheuerlichkeit nicht wahrhaben wollte. Und noch immer glaubte ich nicht an diese Möglichkeit. Träume sind Schäume! Diese Einstellung behagte mir mehr. "Jai, Baba ki", sagte mir Babaji beim Darshan vor. Ich sollte es wiederholen... und nochmals mit Nachdruck: "Jai, Baba ki!"... Heil, dir, Baba!

***

Wünschte man an der Chandanzeremonie in Haidakhan teilzunehmen, mußte um Erlaubnis gefragt werden. Während der Reise war diese Sitte nicht mehr eingehalten worden. Eines Morgens, als alle Ausländer, wie üblich in der Schlange auf das Chandan warteten, sagte Babaji aus heiterem Himmel: "Keine Erlaubnis! Kein Chandan!" Ich stand gerade in der Tür, die zu seinem Raume führte. Meinte er mich? Meinte er alle? Mich konnte er unmöglich meinen, hatte er mir doch eines Tages die Erlaubnis erteilt, mein Leben lang zum Chandan zu kommen. Prompt erwiderte ich laut: Aber du gabest mir eine lebenslängliche Erlaubnis!" Babaji winkte mich zu sich, während die anderen den Raum verließen. Diese Äußerung wirkte wie eine Bombe auf mich. Sollte ich wieder täglich um Erlaubnis bitten? Oder sollte ich lernen, nichts für dauerhaft anzusehen? Alles ist dem Wechsel unterworfen. Seifenblasengleich werden wir vom Wind des Lebens hier- und dorthin getragen und schillern nur durch das Licht, das auf uns fällt... nicht aus eigener Kraft. Beim nächsten Darshan wollte ich Babaji fragen, was er gemeint hatte. Er ließ mich nicht zu Worte kommen, sondern bedeutete mir mit einer kleinen Handbewegung, mich zu trollen. So fragte ich um Erlaubnis wie die anderen. Mal erhielt ich sie für zwei Tage, mal für einen und so fort. Viele Tage später, in Baroda, als ich nicht mehr an diese Episode dachte, sagte Babaji beim Darshan zu mir: "Deine lebenslängliche Erlaubnis ist erloschen!" Verdutzt fragte ich, ob ich trotzdem morgen am Chandan teilnehmen dürfe. Schweigen. Keine Antwort. Dann hörte ich ihn undeutlich etwas murmeln, das klang wie: "Dein Leben lang.."

Am nächsten Morgen reihte ich mich zum Chandan in die Schlange der Wartenden ein. Als ich mich auf die Knie vor Babaji niederließ und den Kopf hob, schickte er mich wortlos mit einer Geste fort, ich hätte keine Erlaubnis. Fluchtartig verließ ich den Raum. Eine große Leere war in mir. Was war falsch gelaufen? Das Wörtchen "nicht" mußte ich überhört haben, als er so undeutlich vor sich hinmurmelte. Beim anschließenden Havan war ich nicht so recht bei der Sache, das soeben Erlebte beschäftigte mich, wühlte mich auf. Über den Gefühlen und Dingen wollte ich stehen, unberührt von Äußerlichkeiten, - immer in der Mitte - gleich welche Reaktionen Babaji in mir auslöste. Nichts bezweckte er ohne Grund. Wieder war eine Lernsituation entstanden, für mich wie für die anderen, die dieser Begebenheit beigewohnt hatten. Meiner nicht ganz sicher, hielt ich es für ratsamer, am Morgen und am Mittag Babaji aus dem Wege zu gehen. Ein scheinbar scheeler Blick aus seinen Augen hätte mich aus der Fassung gebracht. Am Nachmittag, ich war ganz überrascht, trat Babaji unerwartet auf mich zu, lächelte und reichte mir eine aufgeblühte rote Rose!

Außerhalb Sihors besuchten wir einen eindrucksvollen Shiva Tempel, in dessen Höhle vor dreitausend Jahren der Weise Gautama - der Fluß in Haidakhan ist nach ihm benannt - sich viele Jahre in der Entsagung übte. Als grüne Oase liegt er mitten im kargen Wüstenland, umgeben von gelbem Sand und Felsen.

Die Reise näherte sich ihrem Ende. Baroda und Vrindabhan sollten auf dem Rückwege nach Haidakhan angelaufen werden. Vrindabhan mit dem Tempel für den alten Haidakhan Baba, hatte eine besondere Anziehungskraft. "Darf ich mit nach Vrindabhan?" fragte ich auf Deutsch beim Darshan. "Hm?" "Darf ich mit nach Vrindabhan?" wiederholte ich. "Nein, du fährst von Baroda nach Haidakhan!" lautete die Antwort auf Englisch. Es war schwierig geworden, Ausländer in dieser Stadt unterzubringen, seit das Gästehaus des Hare Krishna Tempels geschlossen war.

***

"Reist du morgen ab?" fragte Babaji. "Ja." "Fahre direkt nach Hause!" "Ja, nach Haidakhan". "Nein, nach Hause", entgegnete Babaji. Verdutzt schaute ich ihn an. Spielte er wieder mit mir? Wir befanden uns außerhalb Barodas in den Anlagen eines Tempels aus weißem Marmor. Im Tempel hatten die Priester in Babajis Beisein vor dem schwarzen Lingam eine Puja ausgeführt. Anschließend waren wir in den Garten gegangen, hatten unter einem großen schattenspendenden Baum Platz genommen und auf Babajis Geheiß Om namah Shivay Lieder angestimmt. Heute war mein letzter Tag in dieser Stadt. "Aber die fünf Monate sind noch nicht um!" entgegnete ich. Babaji hatte den Kopf abgewandt und blickte zur anderen Seite. "Delhi, Vrindaban, Mathura" hörte ich ihn undeutlich sagen. "Ich soll nach Vrindaban?" "Nein, Vrindaban ist ungünstig. Gaura Devis Haus... Internationales Gästehaus". Ich sollte also doch nach Haidakhan weiterreisen. Fast wäre es Babaji gelungen, mich zu verwirren, mich glauben zu lassen, ich solle nach Deutschland reisen. "Kann ich einen Tag in Delhi bleiben?" "Nein... dreiundzwanzig!" "Bis zum dreiundzwanzigsten dieses Monats?" "Nein!"

Nun hatte er es doch geschafft, mich zu verblüffen! Das kam von der vielen Fragerei... von der Unsicherheit. Auf der Reise hatte ich mich ihm anvertraut, mich ohne nachzufragen führen lassen, ihm alles überlassen. Nun sollte ich alleine weiterreisen. Folglich mußte ich selber handeln und im Voraus planen. Hier lag mein Denkfehler. Es war ein willkommener Anlaß, mich belehrend zu verwirren. Ich glaubte, seiner Fürsorge - im übertragenen Sinne, dem göttlichen Willen, der göttlichen Fügung - entronnen zu sein. Wie sehr ich mich getäuscht hatte, zeigte sich am nächsten Tag.

Den Nachmittag verbrachten wir im Om Ashram des Mönches, der das Fest in Ambaji arrangiert hatte. Unter grünen Bäumen war eine offene Tribüne aufgestellt worden, bunte Fähnchen schmückten das Gelände. Laute Om Namah Shivay Klänge schallten aus den Lautsprechern, als Babaji, vom Swami herausgeputzt wie ein Maharadscha, auf der Tribüne Platz nahm. Welch ein Kontrast zu der ärmlichen Landbevölkerung und der Bescheidenheit des Ashrams! Spontan machte ich Babaji innerlich Vorwürfe: Du lehrst uns Wahrheit und Einfachheit, hältst dich aber selbst nicht daran! Du spiegelst den Leuten äußeren Pomp und Reichtum vor, den du nicht besitzt, und der dir völlig gleichgültig ist. Viele der einfachen Menschen hier werden es nicht wagen, vor dich zu treten!" Intuitiv erhielt ich Antwort auf diese Gedanken: "Die Menschen wünschen es, mich so zu sehen, um bis an ihr Lebensende an diesen Tag erinnert zu werden... Jeder ist eingeladen, nach Haidakhan zu kommen, um selbst zu sehen und zu erfahren"...

Am nächsten Morgen, dem Tag meiner Abreise, saß Babaji in einer Hollywoodschaukel auf der luftigen Terrasse: "Du fährst nach Delhi." "Ja, heute abend!" "Nein, jetzt". Das war unmöglich, ich hatte eine Platzreservierung für den Nachtzug. "Du gehst jetzt... nach Delhi ... bis zum 18. des Monats und nimmst eine Tasche für mich mit." "Ja." Babaji legte mir einen Kranz roter Rosen um und fügte noch hinzu: "Du bleibst am 19. und 20. bei Familie Soundso in Haldwani, und am 21. treffe ich ein."

Sollte ich seiner Aufforderung, sofort nach Delhi zu fahren, nachkommen und jetzt gleich das Haus verlassen? In diesem Falle müßte ich den ganzen Tag am Bahnhof herumstehen. Nein, ich würde abwarten. Vielleicht wollte Babaji nur mein Einverständnis? Hatte er bei manchen Gelegenheiten nicht bewußt auf Zustimmung gedrungen, wie bei unserem Sohn, als er seine Einwilligung zum Verdreschen einholte? Nach den genauen Daten seiner Anweisung würde ich mich richten. *Ich erinnerte mich an einen Vorfall um die Weihnachtszeit herum. Babaji hatte zwei Schülerinnen von Haidakhan zu kleineren Einkäufen nach Delhi geschickt und ihnen den genauen Tag ihrer Rückkehr genannt. Beide hielten sich nicht an das Datum und begaben sich einen Tag zu früh auf die Rückreise. Prompt wurden sie in einen Autounfall verwickelt, wobei sich die eine einer Behandlung im Krankenhaus unterziehen mußte. Solche Begebenheiten waren bekannt; Babaji hatte uns selbst einmal am Abreisetag geraten, auf das Zeitungstaxi zu verzichten und stattdessen den Linienbus nach Delhi zu nehmen. Später, als wir dem Fahrer des Taxis gegenüberstanden, wußten wir auch, warum uns Babaji diese Anweisung gegeben hatte. Er war völlig übermüdet.*

Die Zeitbegriffe, in denen Babaji dachte, entsprachen nicht den unsrigen. *"Morgen heiratest du", hatte er zu meinem achtjährigen Sohn gesagt, und "übermorgen bekommst du ein Baby." Bei diesen Worten hatte Babaji ihm ein kleines Kissen mit der Bemerkung: "Für dein Baby!" in den Arm gedrückt.* Das "du fährst jetzt!" war wohl ähnlich aufzufassen. Babaji stand von seiner Schaukel auf, winkte, und schon waren wir unterwegs, um einen weiteren Besuch zu machen.

Am späten Nachmittag, als ich mich von Babaji verabschieden wollte, sagte er mir kurz, bei wem ich in Delhi übernachten sollte und trug mir Chandan auf. Nachdem er mich vor wenigen Tagen beim Chandan aus dem Zimmer geschickt hatte, hatte ich nicht mehr um Erlaubnis darum gebeten. In der Folgezeit machte ich nur sehr selten, bei besonderen Anlässen, davon Gebrauch. Ich hatte begriffen, daß die Zeit des Chandanauftragen für mich vorüber war. Er hatte weggewischt, was immer es von der Stirn zu wischen gab.

Kapitel Sechs

"Bist du von Babajis äußerer Gestalt abhängig? Was wirst du tun, wenn er seinen Körper verläßt?" hatte mich ein Weiser in Delhi gefragt. Und zu der Inderin, die ich begleitete: "Suche nicht hier und dort, blicke in dich hinein! Nur in dir wirst du Gott finden. Konzentriere dich auf das Unsterbliche, habe es immer vor Augen!"

War ich von Babajis Erscheinungsbild abhängig? Ja und nein. Wir, die wir im Ausland lebten, konnten nicht mit jedem Problem zu ihm gehen wie die Einheimischen. Wir mußten die Antworten in uns selber suchen. Babaji half uns, den inneren Meister zu finden, unser Bewußtsein zu heben und das Unterscheidungsvermögen zu stärken. Klammerte sich jemand zu sehr an seine äußere Gestalt, wurde er fortgeschickt, um sich in der Welt zu behaupten, seinen Pflichten, seiner Arbeit nachzugehen. Dennoch, seine Nähe war so erhebend. Bei ihm wurde ich zum Kind, geleitet, geführt. Er lehrte mich die Liebe, das Vertrauen und kannte jede Regung meines Herzens. Er las darin wie in einem Buch. Dieses Wissen schloß Mißverständnisse aus und machte mich frei und ungebunden. Wer könnte mich jemals verstehen, die Beweggründe meiner Handlungen erkennen, wenn nicht er? Den Menschen gegenüber ist man gezwungen, sich zu verteidigen. Handlungen, in lauterster Absicht ausgeführt, werden kritisiert, ihnen gar niedere Beweggründe unterstellt... Hier würde der eigentliche Verlust liegen, eine Trennung gab es nur scheinbar. Würde er seinen Körper verlasssen, könnten unsere Augen ihn nicht sehen, er wäre aber nach wie vor in unseren Herzen zu spüren und immer über das Mantra zu erreichen. Wie unscheinbar und bedeutungslos sind unsere Kümmernisse im Vergleich zur Ewigkeit. Was wir heute denken, ist morgen vergessen...

Heute hatte Babaji gesagt: "Eines Tages wird mein Körper austrocknen. Er hat keine Bedeutung und ist nur dazu da, den Menschen zu dienen. Alle Lebewesen, einschließlich der Tiere, Blumen, Vögel, Steine haben durch Gott ihre Gestalt erhalten, damit sie ihre Aufgabe in der Welt erfüllen können. Sogar mein eigener Körper ist dazu geschaffen worden, seine Pflicht zu erfüllen, nämlich die, allen Menschen und Lebewesen zu dienen..." Ja, ich wollte versuchen, bewußt eine "Ablösung" von Babajis äußerer Person herbeizuführen, mich mehr als bisher auf das Innere konzentrieren. In den verbleibenden Wochen meines Aufenthaltes wollte ich ganz in den Hintergrund treten, nicht mehr hoffen, Babaji nahe sein zu dürfen. Gern machte ich den Platz frei, für die, die nach mir kamen. Die Aufmerksamkeiten Babajis dienten dem inneren Wachstum, waren nicht dazu da, das Ego aufzublasen. Äußerlichkeiten spielten keine Rolle. Wichtig war die innere Verbundenheit. Sie war so stark, daß ich mehrmals träumte, wenn Babaji sich gesundheitlich nicht wohlfühlte. Er habe Nierenschmerzen, sagte er im Traum. Prompt blieb er nach diesen Mitteilungen morgens in seinem Zimmer und gab kein Darshan.

In der Meditation sah ich Babaji des öfteren wie er segnend seine Hand hob. Die Bilder, die kamen, waren farbig, und es war aufregend zu erfahren, ob er in Wirklichkeit die Kleidung trug, in der er vor mir erschienen war.

Folglich machte sich in mir eine gewisse Gelassenheit bemerkbar, gekoppelt mit dem Bewußtsein, untrennbar mit ihm vereint zu sein. Die Liebe, die ich im Herzen verspürte, die war er. Durch Konzentration konnte ich sie wachrufen, wenn ich mich verlassen fühlte oder die Sehnsucht in mir überhand nahm.

Babaji machte es mir nicht leicht, Abstand zu halten. Vermehrt zog er mich zu kleinen Dienstleistungen heran, seine Blumen auf der Terrasse mußten regelmäßig begossen werden, ich sollte ihm seinen Stab bringen, die Schuhe anziehen, die er kürzlich zu tragen angefangen hatte und dergleichen mehr. Der Widerspruch, mich von seiner äußeren Gestalt lösen zu wollen, und seine für mich so anziehende Präsenz rief Zwistigkeiten in meinen Gefühlen hervor. Wozu das Ganze? Bewußt eins mit ihm zu sein, war mir zur Zeit nicht vergönnt.

Meine Gefühle standen im ständigen Widerstreit. Babaji waren sie nicht verborgen geblieben. Auf der Terrasse vor dem Dhuni auf einem Mäuerchen sitzend, warf er mir einige unreife Datteln, eine Rose und Rosenblätter entgegen. Während ich sie aufsammelte, rief er mich mit erhobener Hand zu sich.. "Paß auf, er will dich schlagen!" flüsterte jemand. "Soll er doch!" war meine Antwort. Ich setzte mich zu seinen Füßen und schaute zu, wie er in einem Tali, einem Metallteller, Rosinen wusch. Er entfernte die Stiele, ließ sich klares Wasser bringen, tauchte die Trockenfrüchte hinein und goß das Wasser ab. So verfuhr er drei Mal. Mir kam es vor, als behandle er die Menschen ebenso. Er reinigt sie, entfernt die ungewollten, ungenießbaren Teile und unterzieht sie einer Totalreinigung. Als die Rosinen gesäubert waren, verteilte er sie und nahm sich ebenfalls.

Ich will einfach nicht mehr, dachte ich. Gibt er mir etwas oder nicht, ist mir gleichgültig. Ruft er mich, ist es gut, tut er es nicht, dann eben nicht. Was kümmerts mich. Innerlich machte sich eine Unruhe bemerkbar. Wo war meine Ausgewogenheit? "Bist du Kamelu?" fragte Babaji, "Nein", "Bist du Kali?" "Nein! Ich bin.. " sagte ich und fügte meinen Namen hinzu. "Nein", erwiderte er, "du bist Kungari!" Er hatte recht. Kungari war eine herumziehende Nomadenfrau... meine Gedanken waren unruhig und umhergestreift wie sie. Auf meinem Platz zurückgekehrt, überdachte ich, welchen Gedanken und Gefühlen ich angehangen hatte: Abnabelung, Mutlosigkeit, Glücklichkeit, Ratlosigkeit, Sehnsucht. Wenig später hielt Babaji eine kurze Ansprache: "In der kommenden Umwälzung könnten wir nur gerettet werden, wenn wir unsere Gedanken und Gefühle beherrschten."

Anderntags saßen wir nach dem Arti auf Babajis Terrasse. Wenige Tage zuvor hatte er eine Dame mittleren Alters verheiratet. Ob es ihrem Wunsch entsprach, ist mir nicht klar geworden. Heute sagte er zu ihr, in einem Jahr würde sie ein Kind bekommen. Diese Dame war fast aus dem gebärfähigen Alter heraus, und ich fragte mich verwundert, was Babaji nicht alles von den einzelnen fordert. Ich wußte, daß er über alle Naturgewalten gebietet, nach göttlichen Gesetzen handelt und das Schicksal der Menschen positiv beeinflußt. Die Liebe, die er uns gibt und inspiriert, ist das Mittel, uns seinem Willen zu beugen. Gegen Liebe ist kein Kraut gewachsen! Wie einfach und doch wie ungeheuerlich. Und nun verlangt er Kinder! Dieses Thema beschäftigte mich stark, so daß ich mit einer guten Bekannten darüber sprach. Sie meinte, Babaji benötige reine Kanäle, damit sich hohe Geistwesen mit bestimmten Aufgaben auf Erden inkarnieren können. Sie wäre bereit, diese Aufgabe zu erfüllen, obwohl sie bereits zwei erwachsene Kinder hatte. "Nicht mit mir," dachte ich voller Opposition. Nun hatte sich meinem Widerstreit der Gefühle Auflehnung hinzugesellt.

Am gleichen Nachmittag brachte ich Babaji seine Nüsse, die ich täglich für ihn knacken mußte. In Wirklichkeit knackte ich meine bewußten oder unbewußten Probleme. Als ich sie ihm auf der Terrasse reichte, tippte er mit den Worten: "Ist ein Baby da drinnen?" auf meinen Bauch. "Nein". "Warum nicht?" fragte er. Trotzig antwortete ich: "Weil ich es nicht wünsche!" In mir war Auflehnung, Abwehr, Trotz. Wie Marionetten bewegen wir uns nach dem Willen Gottes. "Ein Vogel kann nicht ohne meine Erlaubnis fliegen", hatte er gesagt. Wie ein Vogel im Gitterkäfig, so haben wir keine Wahl. Wir müssen uns der göttlichen Allmacht beugen. Was hilft's?

Nach vielem inneren Ringen und Kämpfen setzte sich die Erkenntnis durch, daß Aufbegehren zwecklos ist, alles, was uns geschieht, dient dem inneren Wachstum. Das Leben ist eine Lebensschule, wir müssen die Lektionen lernen, die wir nicht beherrschen. Und ich wollte lernen! Ich wollte lernen, meinen Willen mit dem göttlichen Willen zu einen. Eine Leere machte sich in mir bemerkbar, ich war wie ein Kelch, in dem sich etwas undefinierbar Zartes bemerkbar machte, wie der Blütenstempel in einer sich öffnenden Blüte. Vor Babaji sitzend, konzentrierte ich mich vollends auf ihn und nahm nichts wahr, außer ihn. Ich bemerkte nicht das Kommen und Gehen der Schüler, die seinen Darshan erhielten. Dann erhob sich Babaji und schickte alle zum Arbeiten. Als ich die Terrasse verlassen wollte, rief er mich zurück und reichte mir eine Tüte mit Cashew-Nüssen. Irgend etwas veranlaßte mich, zu seinen Füßen niederzufallen. Als er seine Zehen auf meine Hände legte, stieg ein Gefühl des Erkennens in mir hoch, ein Erahnen seiner Göttlichkeit, das meine Seele streifte. Eine gewaltige Liebe ergriff mich, sie war so mächtig, daß ich ihm innerlich sagte: "Ich liebe dich!" Noch immer hielt mich Babaji fest und setzte mir überraschend ein kleines Kind sacht auf den Rücken. Durcheinander gewirbelt, erhob ich mich. Viel später merkte ich, daß ich mein Gleichgewicht wiedergefunden hatte. Der Widerstreit der Gefühle war beendet, es mußte ein Durchbruch stattgefunden haben. Ruhe und Frieden durchzogen mein Gemüt.

***

Die Zeit verflog in Windeseile. Obwohl die Tage in Haidakhan durch das frühe Aufstehen um 4.30 Uhr lang waren, schienen sie im Zeitraffertempo dahinzufliegen. Es war April, ein herrlicher Monat mit angenehmen Temperaturen. Alles grünte und blühte, die große Hitzeperiode würde im Juni, Juli und August auftreten. Unterhalb des Ashrams, mitten im Flußtal, war ein Zelt aufgestellt worden. Viele einfache hölzerne Bänke standen davor. Das Ramayana-Epos wurde abends von einer Schausspielertruppe, die aus Yogis bestand, aufgeführt. Vor wenigen Minuten war ich die 108 hohen Ashramstufen hinuntergelaufen und wartete etwas abseits auf Babajis Erscheinen.

Dann war er die Ashramtreppe heruntergekommen. Die Taschenlampe eines Schülers hatte ihm den Weg gewiesen. Als ich zu ihm emporblickte, war mir, als steige er von lichten Gefilden hinab in die Dunkelheit, auf die Ebene, auf der wir Menschen existieren... vom Himmel in die Welt. Fern der Helligkeit hatte ich auf ihn gewartet. Schnurstracks war er auf mich zugekommen, hatte meinen Namen gemurmelt, mich an den Schultern gepackt und um ein Rinnsal herumgeführt, in das ich blindlings hineingetappt wäre. Einige Meter waren wir ein Stück des Weges gemeinsam zum Zelt gegangen.

Dieses An-der-Schulter-Packen erinnerte mich an den heutigen Morgen. Auf der anderen Tempelseite sollte ein Havan stattfinden. Der Fluß war während der letzten zwei Tage hochwasserartig angestiegen und hatte die aus Holzplanken bestehende Brücke fortgeschwemmt. Er war reißend und ich wagte nicht, ihn ohne Babaji zu überqueren. Meine Nerven waren irgendwie strapaziert, hatte ich mir unnütze Gedanken gemacht, wie: "Was wird wohl in der Zukunft von mir verlangt werden?" Dann war Babaji auf mich zugetreten und hatte dieses Problem mit zwei Worten gelöst: "Hilf hier!" Ich mußte eine unsichere junge Frau über den Fluß führen. Diese Aufforderung hatte meinen Willen, den Fluß zu überqueren, gestärkt und sicher waren wir am anderen Ufer angekommen.

Am Havankund hatte er uns angewiesen, an seiner linken Seite Platz zu nehmen. Der Bewältigung des großen Stromes, der Gefahrenquelle, folgte nun die Feuertaufe mit anschließendem Karma Yoga. Der scheinbar unüberwindlich große Berg mußte abgetragen werden. Die Steine, die Hindernisse, wurden über den Hang geworfen. Plötzlich stand Babaji neben mir und schaute in mein Gesicht: "Das Chandan auf deiner Stirn ist unpassend." Es war Sitte im Ashram, daß alle, die dem morgendlichen Chandan nicht beiwohnten, sich selbst Sandelholzpulver und Kum-Kum auftrugen. In dem dafür bereitstehenden Gefäß am Tempel - es waren die Reste des morgendlichen Rituals - lag eine Tagetesblüte, mit der die Paste auf die Stirn getupft wurde. Ein gelb-roter Blumenabdruck zierte meine Nasenwurzel, als Babaji mich eingehendst musterte. "Dieses Chandan täglich" sagte Babaji und führte mit seiner Hand eine waagerechte Bewegung aus. Ich sollte also täglich das Shiva-Zeichen, die drei Querstriche auftragen. Die gleiche Anweisung erteilte er jemand anderem. Was bedeuteten diese Worte? Sie mußten eine tiefere Bedeutung haben. Mit Nichtigkeiten wollte er sich nicht befassen. *Ganz zu Anfang, während meines ersten Aufenthaltes in Haidakhan, war mir eine zusammensteckbare Zahnbürste, die ich im Freien in einer Nische abgestellt hatte, abhanden gekommen. In dem selben Augenblick, als ich diesen Vorfall bemerkte, war Babaji vorbeigekommen. Impulsiv hatte ich es ihm sogleich mitgeteilt, worauf er mir sagen ließ, ich solle ihn mit solchen Kleinigkeiten nicht behelligen. Das verstand ich wohl. Er hatte wichtigere Dinge zu tun. Dennoch erhielt ich von ihm am gleichen Abend einen Ersatz!* Was also bedeuteten seine Worte, das Chandan anders aufzutragen? Wollte er uns wissen lassen, daß es ein Zeichen seiner Gefolgschaft sei, daß wir zu ihm gehörten, ... daß er uns angenommen hatte?

Zu Viert überquerten wir abermals den reißenden Strom. Babaji hatte seine linke Hand auf die Hüfte gestützt. Ich wollte meine Hand auf seinen Ellenbogen legen, als er auch schon "up" (höher) sagte. Meine Hand rutschte auf seine Schulter und von dieser Sekunde an nahm ich nichts mehr um mich herum wahr. Wie wir über den Fluß gekommen sind, weiß ich nicht, ich sah nur das hellgrüne Wasser, das zwischen meinen Füßen hindurchrauschte. Kreisförmige, wirbelnde Strudel zogen vorbei. Ich mußte mich unbewußt etwas von Babaji entfernt haben, seine Stimme "Komm her", holte mich zurück in die Wirklichkeit und schon war das andere Ufer erreicht.

In der Ferne erschien eine Menschengruppe. Sie kamen auf den Ashram zu. Babaji blickte in ihre Richtung: "Geh! Hilf ihnen beim Baden und führe sie hinauf!" Wie am Morgen hatte er mich darauf hingewiesen, anderen zu helfen und ich begriff, daß Geben oder Helfen unser aller Lebensinhalt sein muß... nicht gezwungenermaßen, sondern freiwillig, aus dem Bedürfnis heraus, in Liebe, anderen weiterzuhelfen und Leid zu mildern.

***

Heute war ein Brief aus Deutschland angekommen. Der junge Mann, der meine Familie betreute, ließ darin fragen, ob er bei uns im Haus Rebirthing-Sitzungen (Atem-Technik, wortwörtl. Wiedergeburt) geben könne. Babaji saß in der Nähe der Feuergrube, als ich ihm diese Frage stellte. Er schaute mich mit blitzenden Augen an und erwiderte: "Nein - Alle sollten sterben!"... Das Ego sollte also sterben... nur so kann der Einzelne wiedergeboren, erneuert werden!" Wie zur Bestätigung ließ Babaji eine grüne Steinperlenkette aus seinem Zimmer holen und streifte sie mir über den Kopf.

"Du wurdest geboren, um hier zu leben!" hatten Babajis Worte eines Tages gelautet. Intuitiv erfuhr ich, daß Haidakhan in Wirklichkeit die Zwischenstation von Himmel und Erde ist. Weiter als bis hierher können die Menschen nicht gelangen. Babaji war das Bindeglied beider Ebenen. Ich hatte mich derart in das Leben hier eingewöhnt, daß ich aus allen Wolken fiel, als Babaji sagte: "Morgen fährt du zurück nach Hause!" Richtig! Es waren auf den Tag genau fünf Monate. Gemäß seinen Anweisungen hatte ich auf der Durchreise in Delhi meinen Flug gebucht, allerdings sechs Tage später, als mir zustanden. Auf diese Weise hoffte ich, einige zusätzliche Tage herauszuschinden. Mein Visum lief in vier Wochen ab. Sollte ich versuchen, Babaji umzustimmen? Abreisen mußte ich zweifellos. Ich rikierte also nichts. "Mein Visum läuft erst in einem Monat ab... Zuhause werde ich nicht gebraucht!" entgegnete ich. Keine Antwort. Babaji saß unter dem großen Bhodibaum auf seiner Terrasse. In den letzten Tagen hatte ich ihn von morgens bis abends mit einer Tasche begleitet. Fortwährend benötigte er Süßigkeiten oder Nüsse, um sie unter die Arbeitenden zu verteilen. Babaji rief mir erneut zu: "Morgen mußt du fahren!" Ich faßte mir ein Herz und fragte: "Kannst du mich nichts mehr lehren?" "Das ist meine Lehre!" lautete die Antwort. Gemeinsam liefen wir die Treppe hinunter. Auf einer der Stufen drehte sich Babaji um, kniff mich und sagte abermals: "Morgen fährst du!" Mir war, als spiele er. Warum sonst wiederholte er die Aufforderung zu gehen? Ich spielte mit. "Ich reise morgen, wenn du es möchtest." Babaji murmelte etwas Undeutliches vor sich hin. "Darf ich bleiben?" "Bleibe!" war die Antwort. Das konnte heiter werden. Innerlich bereitete ich mich auf Unerwartetes vor. Wir gingen auf das Dhuni zu. Babaji setzte sich auf eine aus Lehm geformte Bank. "Deine Arbeit taugt nichts!" schimpfte er, als ich nicht sogleich seine Gedanken erriet. Er wollte ein kleines Messer aus der Tasche, um eine Frucht zu zerschneiden. Die Stücke verteilte er unter die Anwesenden.

Am Nachmittag zogen dicke Wolken auf, es stürmte und regnete. Babaji saß in seinem Ankleidezimmer, blickte durch die geöffnete Tür, schaute den davoneilenden dunklen Wolken zu. Zu Dritt lauschten wir dem Brausen des Windes. "In der Mitte eines Sturmes kämpft Gott!" Wie, um uns den Inhalt dieser Worte bewußt zu machen, mußten wir den Satz wiederholten. "In der Mitte eines Sturmes kämpft Gott." "Wie lange bist du jetzt hier?" "Fünf Monate!" "Wie kommt es, daß du nicht nach deinem Ehemann schreist?... Wieviel Männer hast du eigentlich?... Wie oft kann man in deinem Lande heiraten?" fragte er. Dieser Unterhaltung war wenige Tage zuvor eine Episode vorangegangen: Vor dem morgendlichen Arti auf der Terrasse zu Babajis Füßen sitzend, war ein Inder mit frischem Wasser in einem irdenen Krug hinzugetreten. "Dieser hier ist dein Mann, iß und schlafe mit ihm!" hörte ich Babaji plötzlich sagen. Seine Äußerung war im übertragenen Sinn zu verstehen. Wie oft hatte er die verschiedensten Menschen miteinander verheiratet, ob sie es wollten oder nicht. Ungelöste karmische Beziehungen waren die Gründe. Die Heirat, gleich, ob sie Tage oder das Leben andauerte, löste das Karma auf. Auch unser Sohn, damals achtjährig, wurde mit einem gleichaltrigen Mädchen durch eine Verlobungsparty liiert.

In der Folgezeit hatte Babaji einige Male auf meinen "neuen Ehemann" Anspielungen gemacht, und gesagt, mein "schwarz auf weiß verbriefter Gatte" sei nicht mehr mein Ehemann. Was wollte er mit diesen Äußerungen bezwecken? Achselzuckend nahm ich sie zur Kenntnis, ihre versteckte Bedeutung blieb mir verborgen.

"Mitten im Sturm kämpft Gott!" wiederholte ich und fegte auf Babajis Geheiß im Sturm die Terrasse mit einem Reisigbündel. Viele braune Blätter lagen in den Ekken. Der Wind hatte sie zusammengewirbelt. Ich machte mich an die Arbeit; besonders gründlich wollte ich sein. Mitten im Kehren hörte ich meinen Namen. Babaji rief mich aus seiner Ankleidekammer. "Bist du fertig?" "Nein." "Du arbeitest wie ein altes Weib!" schallte es zu mir zurück... Im Nu war ich fertig. Babaji empfing mich mit den Worten: "Dieser junge Mann hier hat mir erzählt, du hättest dich seit deiner Geburt nicht gewaschen. Wie ist das möglich?... wie alt bist du?" "Vierzig Jahre." "Und er hier?" "Fünfunddreißig" antwortete eine Männerstimme. "Wie ist es möglich, daß er dich, obwohl du fünf Jahre älter bist, hat sehen können?" Unvermittelt war Babaji aufgesprungen und in die Kirtanhalle geeilt. Verdutzt folgte ich ihm.

Anschließend waren wir spazieren gegangen. Am Hinterausgang des Ashram nahmen wir einen langen schmalen Weg, der einen Hügel hinab zum Flußtal führte. Es dämmerte, bizarre Wolkenformationen zogen am Himmel vorbei. Unweit des Ashrams, an einer windgeschützten Stelle am Fluß blieb Babaji stehen. Große Steine hatten das abfließende Wasser eingedämmt, es war ein großer glitzernder See entstanden. Dort nahm Babaji sein abendliches Bad während wir "Hare, hare Ganga, Ganga" sangen. Als Babaji fertig war, füllte er seine Lota mit Wasser und gab den Inhalt langsam - wie ein Gebet oder Segen - dem Ganga Fluß zurück. Ich half ihm beim Überstreifen frischer Kleidung.

Nie werde ich den Rückweg in der Dämmerung vergessen. Über Wasserstellen, spitze Steine, unförmige Felsbrocken, querfeldein führte der Weg. Große Wasserlachen tauchten unvermittelt vor uns auf. Gelenkig sprang Babaji über sie hinweg, sich auf einen Schüler und mich stützend. Ein andermal stolperte ich blindlings, watete durch Pfützen. Eiligen Schrittes ging es im pfeifenden Wind über Steinhügel, durch Sand und Geröll. "Langsam, langsam" hörte ich Babajis Stimme neben mir, als ich ausgleiten wollte. Er hatte mich festgehalten und zog mich einen steinigen Weg hinauf. Hin und wieder kniff er mich schalkhaft in den Arm. Die Umgebung, der schnelle, aber sichere Gang mit Babaji durch Unebenheiten schien irreal zu sein. Seine Kniffe holten mich ins Alltagsbewußtsein zurück. Bald war der Ashram erreicht.

Am nächsten Morgen hatten wir uns zum nahe liegenden Grundstück der Regierung begeben, auf dem ein Gästehaus für Regierungbesucher entstehen sollte. Babaji legte den Grundstein, während ich einen Sonnenschirm über ihn hielt. Blumen, Weihrauch und Süßigkeiten wurden in die Baugrube geworfen. Als sich Babaji zum Gehen umwandte, tippte er unvermittelt auf meinen Bauch und fragte: "Ist ein Baby da drinnen?" Auf jegliches Spiel war ich vorbereitet gewesen, nur nicht auf dieses. "Nein!" schoß es aus mir hervor. Babaji hatte diese Antwort nicht zur Kenntnis genommen, sein Bewußtsein war in andere Regionen geglitten.

Am Nachmittag war ein Schweizer erschienen, der um ein Heilmantra bat. "Ein Heilmantra muß verdient werden" hatte Babaji geantwortet und hinzugefügt: "Du bekommst es, sobald du gedient hast... überhaupt müsse er Babaji ein Leben lang dienen." Ich mischte gerade auf der Terrasse konzentrierten Saft mit Wasser und verteilte ihn an die Anwesenden. "Morgen fährst du!" sagte Babaji unvermittelt und wiederholte diese Worte. Obwohl ich wußte, daß meine Tage in Haidakhan gezählt waren, betrübte es mich. Die letzten Stunden hatten mich diese Tatsache vergessen lassen. Was half's. Wohl oder übel war es an der Zeit, meinen Abschied zu nehmen. Ich lief hinüber zum Büro. Dauerte der Aufenthalt in Indien länger als drei Monate, benötigte man für die Ausreise eine Bescheinigung, daß man keiner einkommenspflichtigen Arbeit nachgegangen war. Kaum war ich zurück, als mir Babaji seine Schuhe, mit denen er am Morgen durch den Fluß gewatet war, entgegenwarf. Ich hatte sie mittags zum Trocknen in die Sonne gestellt, aber nicht geprüft, ob sie trocken waren. Arglos hatte ich sie ihm zum Anziehen gereicht. Wie könne ich es wagen, ihm nasse Schuhe anzubieten? Er wolle seine Armeestiefel haben! Diese grünen Schnürstiefel waren eng, mit einer Lasche und vielen Schnürösen versehen. Es war schwierig, sie ihm überzuziehen. Prompt schimpfte er auf Hindi, ich sei zu dumm für diese Arbeit.

Seine Äußerungen ließen darauf schließen, daß irgend etwas bevorstand. Schlug er jemanden oder schimpfte er wie ein Blitz aus heiterem Himmel, so verwandelte er Situationen oder Negatives in Positives. Kaum waren seine Schuhe verschnürt, ging es die Treppen hinunter, am Dhuni vorbei, in den Garten. Dort wurde das Terrain von kleinen und großen Steinen befreit. Es sollte ein Feld entstehen. Babaji setzte sich auf einen Berg Steine und sagte: "Alle sollen hier morgen arbeiten. Diejenigen, die es nicht tun, müssen den Ashram verlassen. Diese Arbeit muß morgen beendet sein!" Was geht mich das an, dachte ich. Ich fahre morgen ab. Wenig später brachte jemand einen geschlossenen Metalltopf mit Zucker. "Kümmere dich morgen um diesen Topf!" "Ich reise morgen!" antwortete ich. "Du gehst?... Nein, das tust du nicht!" Wie du meinst, dachte ich. Gelassen nahm ich diese Äußerung hin. Babaji hatte mit mir geschimpft, um mir den nächsten Tag zu schenken... Er spielte..., die fünf Monate waren längst abgelaufen, und jeder zusätzliche Tag war ein Geschenk.

Am folgenden Vormittag, als Babaji den Bauarbeitern zuschaute, fragte er: "Fährst du morgen?" "Ja, wenn du es willst!" "Nein, antworte er, "wenn DU es willst!" "Ich möchte nicht abreisen!" entgegnete ich. Wenig später begann diese Frage in mir zu arbeiten. Es war an der Zeit, Haidakhan zu verlassen. Wir gingen zum Dhuni, zum Tee-shop, rasteten hier und dort, auf einem Mäuerchen, auf Steinen. Innerlich weinte ich, nahm Abschied von ihm und dem Ashram. Schließlich sagte ich Babaji, ich wäre bereit, übermorgen abzureisen. Meine Koffer müßten noch gepackt werden, dazu war es heute zu spät.

Wir hatten uns zu den Arbeitenden begeben, die große Steine fortbewegten. Aufregung herrschte; ein großer Skorpion mit aufgerichtetem Stachel war unter einem der Felsbrocken hervorgekrochen. Babaji trat hinzu, nahm einen kleinen Stein in die Hand und legte ihn sacht auf den erhobenen Stachel. Der Skorpion wollte sich befreien und zog kräftig mit seinem Schwanz. Es gab einen Ruck und stachellos verschwand er unter Sand und Steinen. "Ich fahre übermorgen!" sagte ich, als wir fernab über das Flußtal schauten. "Nein, morgen!" "Wie du willst!" lautete meine Antwort. "Also, dann übermorgen!"

Aufkommende Traurigkeit verscheuchte ich, sie war Selbstmitleid. Jeden verbleibenden Augenblick wollte ich genießen, außerdem hatte ich die Erlaubnis, in sechs Monaten, zu Weihnachten, wiederzukehren.

Mein Verhältnis zu Babaji beruhte auf Liebe und Vertrauen. Viele fürchteten sich vor ihm und seinen ungewissen, unbeständigen Reaktionen. Nie glich ein Tag dem anderen, jeder Moment war abwechslungsreich. In den letzten Stunden meiner Anwesenheit fragte ich Babaji mit Hilfe eines scheuen indischen Mädchens diese und jene Kleinigkeit. Jedesmal, wenn sie etwas übersetzte, wurde sie von Babaji unsanft geknufft. Schließlich sagte sie, wenn sie weiter übersetzte, würde Babaji sie unsanft verdreschen. Er würde es bestimmt tun, und so redete ich fortan Deutsch mit ihm... In seiner Gegenwart konnte ich nicht anders, als glücklich zu sein. Er tat auch alles, um mir über einen eventuellen Abschiedsschmerz hinwegzuhelfen. Beim Baden am Fluß, als ich ihm half, sein Hemd abstreifen, reckte und streckte er sich nekkend, daß ich kaum seine Ärmel erreichte. Jemand, der größer war als ich, kam zu Hilfe. Babaji lächelte und feixte, und packte überraschend aus dem Ärmel heraus meine Hand, um sie ein Weilchen festzuhalten. So sehr ich zog, ich bekam sie nicht frei.

Abschied. Ein letztes Chandan. Als ich vor Babaji kniete, schrie er und fragte, wer in der Früh nicht unten im Fluß gebadet hätte. Viele schauten sich betroffen an. Diese kraftvolle Äußerung machte mir die letzten Minuten leicht.

Gestern hatte er gesagt, alle würden ihn verlassen, sogar Shastriji... was ihm bliebe, wären seine Freunde, die Krankheiten der Welt.

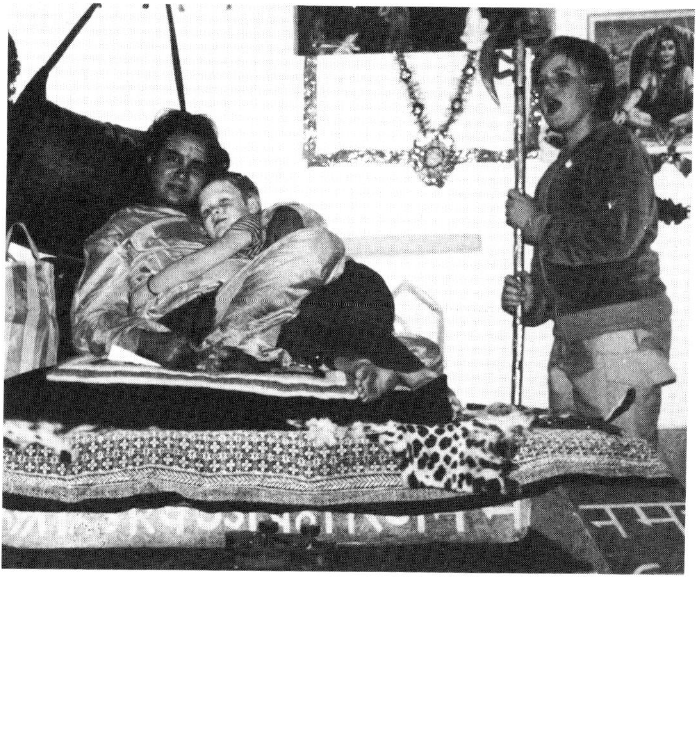

Kapitel Sieben

Deutschland. Die tägliche häusliche Routine fiel mir äußerst schwer und es kostete viel Kraft, mich einzugewöhnen. Die Zeit bei Babaji hatte mich geprägt, was natürlich meinem Mann auffiel. Er brachte mir nicht das nötige Verständnis entgegen, ließ mir keine Zeit, mich umzustellen, sondern forderte mich vom ersten Tage an. Das war verständlich. In den fünf Monaten hatte ich mich von meiner Familie seelisch entfernt. Das führte zu heftigen Spannungen. Babajis Worte: "Er ist nicht mehr dein Mann!" schienen sich nicht nur auf die Auflösung karmischer Verflechtungen zu beziehen, sondern auch auf die Realität. Das Wort "Scheidung" fiel in dieser Zeit häufig. Die Kinder, vor denen wir diese Prüfungen nicht verbergen konnten, fürchteten sich vor der Auflösung ihres Heims. Ihnen zuliebe schoben wir den Gedanken einer Scheidung von uns weg und versuchten, uns zu arrangieren.

Der Unterschied zwischen dem geistigen, stillen Leben in Haidakhan und dem unruhigen mit allerlei Verpflichtungen verbundenen Lebensstil zu Hause, das ständige Geben, die häufigen Zerwürfnisse raubten mir meine Kraft. Meditationen in aller Frühe, Träume und gelegentlicher Segen durch andere von Babaji geschickt, ließen mich die Schwere dieser Zeit ertragen. Die Botschaft, ich solle meinem Mann Prügel verpassen, zeigte mir, daß Babaji die Probleme nicht verborgen geblieben waren.

Die Zeit kroch dahin bis zum nächsten Indienaufenthalt.

Endlich war es so weit. Ich flog mit unserem Sohn nach Haidakhan. Mein Mann blieb zurück. Im Flugzeug sitzend, erinnerte ich mich an das Abschiedsgeschenk, daß mir Babaji vor sechs Monaten hatte zukommen lassen. *Damals, auf dem Rückflug, hatte ich still vor mich hingeträumt. Es war Nacht gewesen, die Passagiere schliefen in ihren Sitzen. Die Kabinenlichter waren heruntergeschaltet. Halb wachend, halb träumend, befand ich mich in einem Zwischenzustand. Plötzlich hatte sich vor meinen halb geöffneten Augen schemenhaft eine nebelartige Silhouette materialisiert und war langsam an mir vorbeigezogen. Das ist Babaji, dachte ich. Eine große Liebe hatte mich eingehüllt, und ich war unversehends in einen ekstatischen Freudenzustand gefallen. Mit der Zeit war er abgeklungen, ich hatte den Zustand nicht halten können.*

Nun befanden wir uns wieder in Indien. Auf dem Fußmarsch durch das Flußtal nach Haidakhan war mir, als würden wir an Fäden zu Babaji hingezogen. Schneller und schneller, rastlos liefen unsere Füße. Wie eigenartig. Ich schien an einer Winde zu hängen, an der Babaji kurbelte und mich dadurch zu sich zog. Die Schönheiten des Flußtales mit den rechts und links aufragenden, dschungelbewachsenen Bergen konnten mich dieses Mal nicht in ihren Bann ziehen. Wir eilten dahin. Schneller und schneller bewegten wir uns. Als mein Sohn den Ashram in der Ferne liegen sah, lief er voraus und ließ mich hinter sich.

Babaji stand unten am Fluß an der Steinwand eines Hauses gelehnt. Er trug einen roten Pullover, schaute in meine Richtung und hielt meinen Sohn fest im Arm. Sein

Blick ruhte liebevoll lächelnd auf mir, als ich mich vor ihm verneigte. "Ist dein Mann nicht gekommen?" fragte er. "Er hatte zu viel Arbeit" antwortete mein Sohn.

Schweigend standen wir eine Weile beieinander, dann zog Babaji das Kind mit sich fort. Langsam schritt er mit ihm auf eine schmale Brücke aus Steinen zu, überquerte sie. Wie einsam er ist, durchfuhr es mich. Wie sonderbar! Er wollte alleine gehen. Er hatte mich wie gewöhnlich nicht aufgefordert, ihn zu begleiten. So blieb ich zurück und schaute ihm nach. Erst Wochen später begriff ich, daß er mir mit dieser unüblichen Handlung seine bevorstehende Überquerung des breiten Flusses der Unterwelt, des Hades, angedeutet hatte. Kaum war er am anderen Ufer angelangt, als er mich rief. Gemächlich gingen wir zu Dritt Hand in Hand auf dem steinigen Weg zur anderen Tempelseite. Ab und zu kniff mich Babaji, lächelte dabei und fragte wieder nach meinem Mann. Ich sagte, ich hätte Probleme mit ihm. "Welche Probleme denn?" Bevor ich antworten konnte, wurden wir unterbrochen. Es war jemand zu uns gestoßen.

Auf der anderen Seite des Tales, vor den Tempeln, saßen Shastriji und andere wartend auf Babaji. Sie hatten ihre Teller vor sich stehen. Das Essen sollte serviert werden. Nach einem kurzen Rundgang ließ Babaji die Mahlzeit verteilen, überwachte die Ausgabe und sagte kurz: "Jai Mahamaya ki Jai!"

Zum Ashram zurückgekehrt, setzte sich Babaji geraume Zeit auf das Mäuerchen vor seinem Eingang. Ich hatte ihm große blaue und grüne Weintrauben aus Deutschland mitgebracht und reichte sie ihm. Mal nahm er sich, mal gab er mir, dem Kind und anderen. Wo sie gewachsen seien, wollte er wissen. Dann sagte er, ich solle in mein altes Zimmer ziehen.

Haidakhan hatte mich wieder! In Windeseile wurde ausgepackt und hinunter gings zum Baden an den Fluß. Welch ein Spaß für das Kind. In Deutschland war es kalt; hier konnte er im Freien im Wasser plantschen. Nach dem erfrischenden Bad kehrten wir zum Ashram zurück. Babaji trat gerade aus seiner Tür, als wir ankamen. Er überreichte mir seinen Stab und setzte sich auf eine Bank, die auf der Terrasse stand. Von dort konnte er weit ins Tal blicken. Jemand brachte ihm einen Nußknacker und muskatähnliche Nüsse. Neben ihm stehend schaute ich zu, wie er meditativ mit langsamen, sorgfältigen Bewegungen die Nüsse zerkleinerte. Er knackte die harten Schalen derer, die um ihn waren! Eine ungeheuere Liebe durchflutete mich, und ich wünschte mir innerlich, diese Liebe für alles, was existiert, zu fühlen.

"Wo sind die anderen Deutschen?" fragte Babaji. Ein Lehrerehepaar hatte ursprünglich mit mir fliegen wollen, aber keinen Platz in dem Flugzeug bekommen. Alle weiteren Flüge waren ausgebucht bis zum Heiligen Abend. Aber dieser Tag war ihnen nicht recht und nach den Feiertagen, so meinten sie, lohne sich der ganze Aufwand für die Kürze der Zeit nicht mehr. Zwei oder dreimal fragte Babaji nach ihnen: "Was? Keinen Platz auf dem Flugzeug?" Diese Antwort mußte ihm komisch erschienen sein, denn er erzählte diese Geschichte mehrmals indischen Schülern. Woher wußte er von diesen Bekannten? Ich hatte nichts von ihnen erwähnt, und sie hatten auch nicht an Babaji geschrieben. Verpaßte Gelegenheit! Nie sollten sie Babaji persönlich kennenlernen! Er wußte es.

"Möchtest du Fakir werden?" fragte Babaji, als wir die Treppe hinunterliefen. Einige seiner Schüler hatte er zu Yogis oder Fakiren gemacht. Ich war ganz überrascht. "Wenn du es möchtest!" "Nein, du mußt dich entscheiden!" Ich dachte bei mir, wenn es sein Wille ist, so habe ich nichts dagegen einzuwenden, nur möchte ich unter gar keinen Umständen am Dhuni sitzen müssen, sondern lieber in Babaji Nähe bleiben. Die Yogis und die Fakire kümmerten sich täglich um die Unterhaltung des ewigen Feuers und führten separat vom Ashramtempel ihr Arti im Dhuni aus. Sie arbeiteten im Garten und kamen fast nur zum Darshan in die Kirtanhalle. Babaji ging zwar täglich zum Dhuni, setzte sich auf die davorliegende Terrasse und wanderte dann zu den Arbeitenden hinüber, um in ihrer Nähe zu sein. Nein, ich zog es vor, oben im Tempel beim Arti und Darshan anwesend zu sein und dort zu arbeiten, wo Babaji sich aufhielt. Die Entscheidung war gefallen. Ich sagte nichts, sondern schwieg, er wußte um meine Gedanken. Babaji schnitt das Thema nicht mehr an und so fragte ich ihn am nächsten Tag: "Machst du mich zum Fakir?" Lächelnd verneinte er es: "Dich?... Nein." Dafür erhielt ich die Aufgabe, ihn von morgens bis abends mit seinem Stock und einer Tasche zu begleiten. Nichts Schöneres hätte ich mir wünschen können.

Es folgten die herrlichsten und intensivsten Wochen all meiner Aufenthalte in Haidakhan. Am beeindruckendsten waren die Momente, in denen wir allein waren oder zusammen mit Shastriji. Oft ging es zum Hinterausgang des Ashrams hinaus in die nahe liegenden Hügel. Die weite, unberührte Landschaft des Himalaya-Vorgebirges, die Großartigkeit der Schöpfung berührte meine Seele, und um wie viel mehr Babajis so greifbare Präsenz. Ich befand mich in einer anderen, in einer heilen Welt! Wir machten uns auf den Weg zu den nepalesischen Arbeitern. Sie waren angeheuert worden, um eine Straße in den Hügeln hinter dem Ashram anzulegen. Steinige Pfade, bergauf, bergab ging es entlang. Behende wie ein Wiesel kletterte Babaji die steilsten Hänge hinauf, mal stützte er sich auf mich, mal zog er mich. "Magst du deinen Mann?" fragte er. Was sollte ich antworten? Babaji war meine ständige Meditation. Auf jede seiner Regungen, Bewegungen achtete ich. Seine Gegenwart erfüllte mich gänzlich. Im Hier- und Jetztsein war wichtig. "Er hat Probleme mit Dir?.... Das gefällt mir nicht!" Ich schaute in Babajis große schwarze Augen. "Bitte hilf ihm," bat ich. "Ich helfe dir!" war seine Antwort. Gut, dachte ich. Hilft er mir, so hilft er ihm durch mich. "Yes!" (Ja!) sagte er daraufhin. Bei den Arbeitern blieben wir stehen. Shastriji war langsam gefolgt. Es war die Stunde ihrer Entlohnung. Ich händigte Babaji auf seinen Wink ein Täschchen mit Rupienscheinen aus, das er sich um den Hals hängte. Die Arbeiter legten ihre Pickel, Schaufeln und Metallschalen beiseite, kamen herbei und umringten uns. Babaji sprach einige Worte mit ihnen, zog dann aus dem Täschchen Schein auf Schein und übergab jedem selbst seinen Lohn. Shastriji erhielt ebenfalls unerwarteterweise eine Rupie, worüber er über das ganze Gesicht strahlte.

In Gelddingen war Babaji sehr genau. Streng achtete er darauf, daß die Ausländer von den einheimischen Gepäckträgern nicht übervorteilt wurden, daß die Kosten im Tee-shop niedrig blieben. Die Preise waren festgesetzt, niemand sollte mehr, niemand weniger erhalten. *Als mein Sohn noch klein war und gerade den Wert des Geldes erfaßt hatte, versuchte er, seine Omis und uns dazu zu bringen, ihm über das normale Maß hinaus, kleinere Geldbeträge zu schenken. Einmal fanden wir sogar einen Zwanzigmarkschein unter seinem Bett. Woher kam er? Gerade in dieser Phase flogen wir zu Babaji. Mit einem Blick hatte er diesen unschönen Zug an meinem Sohn erkannt. Um ihn zu schulen, bekam er während dieses Aufenthaltes viele Münzen und Geldscheine geschenkt. "Möchtest du das haben?" fragte Babaji, während er ihm einen Rupienschein unter die Nase hielt. "Und diesen Schein... und den hier?" Nie lehnte er ab. Eines Tages fragte das Kind: "Darf ich in dein Zimmer kommen?" "Jede Sekunde da drinnen kostet zehn Rupien!" lautete die Antwort... Im Laufe der Zeit wandelte sich die Einstellung meines Sohnes zu Geld. Seine Schulung war erfolgreich gewesen. Er bekam immer noch reichlich von Babaji, sparte es, spendete es schließlich in Haidakhan für wohltätige Zwecke oder gab den Bettlern, die uns auf unserer Reise begegneten.*

Während wir bei den Arbeitern standen, kam mein Sohn zu uns herübergesprungen. Er hatte im Dorf mit den Kindern gespielt. Eine große blaurote Beule zierte seine Stirn. Woher er denn diese hätte, wurde er gefragt. "Ich habe mit den Kindern gerauft." "Du bist zu alt, um mit Kindern zu spielen!" erwiderte Babaji. Er war wirklich groß geworden, zu groß, um wie einst ständig auf Babajis

Schoß zu sitzen. So saß er oder stand meistens neben ihm. Sie spielten dann miteinander und küßten sich zärtlich auf die Wangen... wie Vater und Sohn. "Ist das wirklich dein Kind?" fragte Babaji. "Nein, nein..., das deines Mannes?... Nein. Seine Nase ähnelt nicht der deines Mannes!".. Prüfend schaute er mir ins Gesicht. "Eher ist er ein Chinese, ein Japaner! Hast du einen Boyfriend?" "Nein." "Wie kommt es dann, daß er geboren ist? Er sieht aus wie ein Mönch." Babaji wandte sich meinem Sohn zu. "Wessen Kind bist du?" "Deins!" Nach dieser Antwort zog Babaji ihn in seine Arme.

"Die Kinder in meiner Klasse mögen mich nicht!" klagte er. "Warum nicht?" forschte Babaji. "Bist du böse zu ihnen?" "Nein." "Dann trage dir Puder auf das Gesicht wie die Mädchen!"

Wir gingen um den Ashram herum, durch das Flußtal zu dem großen Feld, auf dem gearbeitet wurde. Hier sollte Getreide angepflanzt werden. Babaji setzte sich auf einen Baumstamm und beobachtete den Fortschritt der Arbeit. Ab und zu erhob er sich und trat auf einzelne Schüler zu, um ihnen zu zeigen, wie sie zu arbeiten hätten. Dieser und jener Stein sollte aufgehoben werden, hier befand sich eine unebene Fläche, die begradigt werden mußte. Entsprach das Resultat nicht seiner Vorstellung, bückte er sich selbst und legte Hand mit an. Es war, als sehe er einen Plan, der unsichtbar zu Füßen der Schüler ausgebreitet lag. Sie selbst mußten ihn ausbessern, verändern, denn dieser Plan war ihre Existenz, ihr Schicksal."Was werde ich in meinem nächsten Leben sein?" fragte mein Sohn,. "Ein Himmelswesen", lautete die Antwort. Dann wurde er mit den anderen Kindern ins Dhuni geschickt, wo sie seitenlang das Mantra Om Namah Shivay auf Sanskrit in Hefte schrieben.

Babaji rief eine junge blonde Frau zu sich. Gestern erst war sie in Haidakhan eingetroffen. Es war ihr erster Besuch. "Hast du keine Kinder?" fragte er. "Nein." Drohend trat er auf sie zu. "Warum nicht?" fragte er mit zum Schlage erhobener Hand. Sprachlos schaute die junge Frau ihn an und brach in Tränen aus, worauf Babaji sie mir in die Arme warf. Ich versuchte sie zu trösten, sie weinte und schluchzte und bebte in meinen Armen. Als sie sich etwas beruhigt hatte, näherte sich Babaji ihr wieder und gab vor, sie schlagen zu wollen. Sie schreckte zurück und brach erneut in Tränen aus. Dieses Spiel wiederholte sich mehrmals. Schließlich stellte sich in einem Gespräch heraus, daß sie vor Monaten eine Abtreibung gehabt hatte, über die sie nicht hinweg kam. Kein Wort davon hatte sie Babaji gegenüber erwähnt. Um so erstaunter war sie, als Babaji eingriff, um ihre seelische Not zu erleichtern, denn durch seine Handlungsweise holte er dieses unbewältigte Problem an die Oberfläche, um es aufzulösen.

Ein Elefant, - alljährlich wurde er zu den Feiertagen nach Haidakhan gebracht -, kam durch das steinige Flußtal. Er stampfte auf Babaji zu. Seine breite Stirn und der obere Teil des Rüssels waren mit Farben verziert. Auf seinem Rücken lag eine bunte Decke, obenauf thronte eine Sitzfläche. Sein Führer, ein schmächtiger Mann, hockte auf dem mächtigen Hals und gab ihm, mit seinen unter den Elefantenohren versteckten Füßen, Anweisung, sich niederzuknien. Babaji stieg auf und lud noch jemanden zum Ritt ein. Gemächlichen Schrittes ließen wir Haidakhan hinter uns und folgten dem Weg entlang des Flußes. Tiefer Frieden umgab uns, nur das gleichmäßige Knirschen der Steine unter den riesigen Füßen des Tieres war zu hören. Babaji saß vor mir und hielt sich mit einer Hand leicht am Holzgriff des Sitzes fest. Hinter der roten Hanuman Statue am Sati-kund ließ Babaji halten und lud zwei Neuankömmlinge auf, denen er entgegengeritten war. Noch bevor sie am Horizont als kleine schwarze Punkte sichtbar geworden waren, hatte er von ihrem Kommen gewußt.

Zurück im Ashram ließ Babaji Tee für die Neuankömmlinge holen und ging darauf in den Garten. Er hielt auf einen jungen Mann zu, der nicht eifrig genug zu arbeiten schien: "Mach schnell!" rief er, "die Zeit drängt. Hier sollst du arbeiten, nicht dort!" Intuitiv erfaßte ich, daß er mit diesem Ausruf den jungen Mann anspornte, die Arbeit an seiner inneren Entwicklung voranzutreiben.

Babaji zog mich zu allerlei kleinen Dienstleistungen heran. Ich verteilte Prasad an die Anwesenden, schöpfte ihm Trinkwasser aus dem Fluß, säuberte an einigen Tagen morgens sein Zimmer und dergleichen mehr. Eines Morgens sollte ich den Vorarbeiter rufen. Überall suchte ich nach ihm, im Ashram, im Garten, fragte im Tee-shop nach ihm, immer vergebens. Niemand wußte, wo er sich aufhielt. Ermüdet kehrte ich nach der erfolglosen Suche zurück. "Wo ist er?" fragte Babaji. Ich zuckte die Achseln. "Geh, hol ihn!" erwiderte Babaji etwas unwirsch. Erneut machte ich mich auf den Weg und fand ihn nach langer Zeit endlich auf der Tempelseite. Babaji sprach mit ihm und schickte mich, um mein Versäumnis wiedergutzumachen zum Steine tragen. Die Umhängetasche mit den Bonbons, der Kassettenrekorder und die vielen anderen Dinge hinderten mich beim Bücken, Aufheben und Fortwerfen der Steine. Mehrmals rückte ich sie zurecht. Nach einer kurzen Weile kehrte Babaji an seinen Platz zurück, lehnte sich an eine Mauer aus Steinen und rief. "Er war nicht zu finden?" fragte er sanft mit lächelnden Augen. Seine Stimme, ohne jeglichen Vorwurf, bewegte mich derart, daß ich in Tränen ausbrach. Ohne Worte wurde mir vermittelt, daß ich, im übertragenen Sinne, Gottes Auftrag nicht sorgsam genug ausgeführt und ihm eine Seele, die er rief, nicht zugeführt hatte. Babaji streckte seine Hand aus und machte sich an meiner Tasche zu schaffen. Er schaute hinein und schimpfte: "Du hast keine Disziplin!" Einige Bonbons und Nüsse lagen lose herum. "Sie sind beim Arbeiten herausgefallen" entgegnete ich. "Geh, arbeite weiter!" Mir war jämmerlich zumute. Welches Gesetz war das, das ich noch nicht kannte? Ursache und Wirkung... ja. Die Auswirkung war größer als angenommen, sie zog größere und unüberschaubare Kreise. Kaum hatte ich ausgedacht, als Babaji rief und mich mit Nüssen fütterte. Ich konnte sie nicht essen, mein Magen war wie zugeschnürt. Ich wollte sie für später aufheben und knotete sie in das Ende meines Saris. "Iß", forderte er mich auf. Ich bedurfte wohl einer Stärkung.

In diesen Wochen mußte ich öfters Schüler rufen. Alle freuten sich auf diese Augenblicke. Wie schön, ein Weilchen neben Babaji stehen zu können, immer hatte er etwas zu sagen, das den momentanen Geisteszustand oder ein aktuelles Problem betraf. Doch, wann immer ich

Schüler holte, hatten sie noch schnell etwas zu erledigen. "Ich komme gleich", hieß es, "ich lege nur eben das Handtuch zu meinen Sachen"... und so fort. Sie mußten zuerst ihre weltlichen Dinge beenden, bevor sie dem Ruf folgten. Diese Handlungsweise offenbarte die Identifizierung mit aller weltlichen Tätigkeit. Erst wurde das "Ich-Bewußtsein" befriedigt, alles andere kam später. Besonders deutlich trat dieses Verstricktsein zutage, wenn ich die Unpünktlichen zur Arbeit holen mußte. "Warum bist du nicht rechtzeitig erschienen?" forschte Babaji dann. Jedes Mal bekam er auf diese Frage Ausflüchte zu hören. Welch unendliche Geduld mußte er aufbringen, er, der unser Bewußtsein heben und uns von den schweren Erdschwingungen befreien wollte! "Mein Herz ist verwundet von tausend Messerstichen" waren einige Wochen später seine Worte.

Wo ist dein Sohn?" fragte Babaji. "Er spielt." "Gut, dann soll er morgen hier mit den Steinen spielen... Spiclst du?" begehrte er zu wissen. Darauf wußte ich keine Antwort. Ich wollte die Wahrheit, bar jeglicher Illusion.

Am Vormittag ließ mich Babaji eine Weile in den Steinen arbeiten. Es bekam mir gut. Es war ein Ausgleich zu Babajis hohen Schwingungen. Oftmals ließen sie mich schweben, ich lief wie auf Watte, gedankenleer. Meine Umgebung glich der Szene eines Films, ohne Beteiligung meinerseits. Das Treiben um mich herum, die Geräusche waren irreal. Maya. Hinter der äußeren Kulisse herrschte eine Stille, in der sich alle Aktivitäten auflösten. Die physische Arbeit holte mich in die Wirklichkeit zurück.

"Wann reist du ab?" fragte Babaji. "Morgen". "Nein, du bleibst, dein Sohn fährt allein zurück!" Das war ein Scherz, wie hätte er es bewerkstelligen können? Wir saßen auf der Terrasse. Die Blätter des großen Bhodibaumes zitterten sanft im Wind. Große blaugraue Vögel mit langen Schwänzen wippten zwitschernd auf den Ästen, spielten miteinander. Besucher aus Bombay waren angekommen und hatten Babaji einen schön verzierten Säbel in einer Scheide aus geschnitztem Edelholz mitgebracht. Gestern bereits war er meinem Sohn aufgefallen, jetzt betrachtete Babaji ihn wieder. Der Kleine, der mit leuchtenden Augen neben Babaji gestanden hatte, kam zu mir herüber und fragte flüsternd, ob Babaji ihm wohl diesen Säbel schenken würde. "Frag' ihn doch!" Er näherte sich Babaji, der auf seinem Stuhl in der Sonne saß. "Darf ich den Säbel haben?" Babaji zog ihn aus der Scheide, und hielt die glänzende, scharfe Seite in der Sonne. "Nein, er ist zu gefährlich." Der Kleine bettelte weiter: "Bitte, schenke ihn mir." Babaji schwieg eine Weile... "Gut, ich gebe ihn deiner Mutter zur Verwahrung. Wenn du erwachsen bist, bekommst du ihn von ihr." Damit überreichte er mir das Geschenk. Wie glücklich war das Kind! Babaji erhob sich, ging in seinen Ankleideraum und kehrte mit einem roten Tuch in der Hand zurück. "Trage es am Hochzeitstage deines Sohnes" sagte er.

Verwundert fragte ich mich, warum gibt er mir jetzt Dinge für die ferne Zukunft? Ich ahnte nicht, daß in vielen seiner Worte Hinweise auf seinen baldigen Weggang verborgen lagen. Deshalb war mir nicht schwermütig ums Herz, als ich daran dachte, morgen abreisen zu müssen. Babaji hatte mir vor wenigen Tagen das Versprechen abgenommen, im August des selben Jahres wieder nach Haidakhan zu kommen. Das Kind sollte nach indischem Brauch die Brahmanenschnur erhalten als Zeichen, daß er dem Kindesalter entwachsen ist. Babaji hatte zu diesem Zeitpunkt an der Feuergrube gesessen und mir bedeutet, an seiner linken Seite Platz zu nehmen. Meinen Sohn nahm er im Sitzen zwischen die Beine, so daß sein blonder Kopf auf Babajis Knien ruhte. Nach einer Weile hatte Babaji seinen großen Zeh auf sein Stirnchakra gedrückt und gesagt: "Christus ist in dein Herz eingezogen!" Die Flammen des Feuers in der Yagnagrube waren hell aufgelodert, wie zur Bestätigung seiner Worte. Dann hatte Babaji mir den Kopf zugewandt und mir abermals das Versprechen abgenommen, im August nach Haidakhan zu kommen. Wie eigenartig, dachte ich, warum besteht er auf meiner Zusage? Er weiß doch, daß ich nichts lieber täte.

Der letzte Nachmittag ging schnell vorüber. Babaji schickte mich zurück in den Ashram, mein Dienst war beendet. Ich lief die Stufen hinauf, betrat seine Terrasse und den Ankleideraum, um dort die Tasche aufzuhängen. Kaum hatte ich die Tür hinter mir zugezogen, als ich gerufen wurde. "Babaji möchte, daß du ins Dhuni kommst!" Schnell nahm ich die Tasche vom Haken und eilte den gleichen Weg zurück. Babaji saß nahe beim Feuer. Zu seinen Füßen hatten zwei Besucher Platz genommen, an die er Süßigkeiten verteilten wollte. Eine Zeitlang blickten wir still in die Flammen. Es dunkelte, die Sonne war hinter den Bergen untergegangen, ein roter Schein überzog den Horizont. Babaji erhob sich, ging den mit Bananenstauden bewachsenen schmalen Gartenweg entlang und gemächlich die Treppen hinauf.

Ich folgte ihm in sein Ankleidezimmer, hängte die Tasche auf und wollte den Raum verlassen. "Lao", (gib her) sagte er leise. Er hatte auf seinem Sessel Platz genommen. "Setz dich!" Ich ließ mich vor ihm nieder. Babaji legte mir seine Füße auf die Knie, nahm die grüne Umhängetasche entgegen und leerte sie sorgfältig aus. "Ist das deine Tasche?" "Nein, sie gehört dir!" Babaji lächelte, zog bedächtig das kleine Geldtäschchen, das ich ihm so oft in den letzten drei Wochen gereicht hatte, heraus, entnahm ihm zwei Goldarmreifen, betrachtete sie und legte einen in meine Hand. Obenauf packte er einen Rupienschein. Anschließend füllte er die Tasche mit Süßigkeiten, Nüssen, Räucherstäbchen. "Iß", sagte er dazu. Prüfend schaute er umher. Es schien etwas zu fehlen. Babaji griff nach einem bunten Mandala und fügte es hinzu. Staunend schaute ich zu. Mir war bewußt, daß die Tasche, gleichzusetzen mit einem Behälter oder Gefäß, bis zur Neige entleert worden war, um sie erneut zu füllen, und dieses Gefäß, das war ich. "Ho gaia?"... ist es genug? Seine großen schwarzen Augen schauten mich an. Ich nickte, verneigte mich vor ihm und ging voller Staunen hinaus.

Vier Wochen später verließ Babaji seinen Körper. Ein Märchen in unserer stofflichen Welt war zu Ende gegangen... und nimmt nun seinen Fortgang auf der geistigen Ebene ... nicht nur für mich, sondern für alle, die ihn innerlich darum bitten.

Weitere Literatur erhältlich bei: Gertraud Reichel VERLAG und VERSAND, Reifenberg 36, 8551 WEILERSBACH, TEL.09194-8900

Das Buch des Lebens

Radha-Magdalena Bambeck
Leinen, Fadenheftung, 116 Seiten,
15 x 11 cm, DM 19,80
ISBN 3-926388-13-7

Dieses Buch ist empfangen aus dem Göttlichen. Es enthüllt dir sein Wesen nur, wenn du bereit bist, dein Inneres zu öffenen. Seine Essenz läßt sich nicht mit kritisch-analytischen Gedanken erfassen, aber einem geöffneten Herzen quellen die inneren Reichtümer dieses Buches entgegen.

Ein lesenswertes Buch für jeden, der den geistigen Weg beschreitet.

G. Reichel Verlag Reifenberg 36, D 8551 Weilersbach, Tel. 09194-8900

Maria Gabriele Wosien:
BABADSCHI -
Botschaft vom Himalaya
112 Seiten, TB, DM 9,80
ISBN 3-926388-00-5

DAS klassische Buch über BABAJI, erstmals 1978 im Fischer Verlag erschienen. Neu herausgegeben im Mai 1986 im Gertraud Reichel Verlag. Mit 24 s/w Bildern und einem Nachwort der Autorin zu der Neuausgabe und zum Mahasamadhi BABAJI's (Febr. 1984).

Über dieses Buch

Wir befinden uns in einer Zeit des Umbruchs, an der Schwelle zu einem Neuen Zeitalter, wie viele glauben, oder am Abgrund, der endgültigen Vernichtung der menschlichen Rasse, wie andere fürchten. Tatsächlich haben sich die Verhältnisse seit Beginn unseres Jahrhunderts so zugespitzt, daß nur noch ein radikaler Wandel des Bewußtseins der Menschen, das immer der letzte Grund und Ursache für die selbstgeschaffenen Lebensbedingungen ist, das »Ruder herumwerfen« und das Raumschiff Erde einer sicheren Zukunft entgegensteuern kann.

An solchen Wendepunkten der Geschichte, wo sich beide Möglichkeiten: *Sein* oder *Nicht-Sein*, zum Extrem verdichtet, gegenüberstehen und der Mensch in Verantwortung für seine ganze Spezies wählen muß, wird ihm aus anderen Seinsbereichen auch immer verstärkt Hilfe zuteil. Viele große Seelen inkarnieren sich, um den verirrten Menschen in menschlicher Gestalt den Weg zu weisen, der aus dem drohenden Chaos führt.

So auch jetzt. 1970 erschien am Fuße des Kailasch Berges im Himalaya – seit altersher als Sitz der Götter und Zentrum der Welt verehrt – *Babadschi* wieder in einem irdischen Körper und lebt seither unter den Menschen.

Babadschi gilt als ein ›Avatar‹, d.i. eine Verkörperung des Göttlichen selbst – Avatare erscheinen selten, und immer nur an solchen entscheidenden Zeitenwenden, wenn nur noch das direkte Eingreifen des Göttlichen selbst den Lauf der Geschichte ändern kann.

Babadschi gilt als die Inkarnation des Gottes *Schiwa*, des großen Zerstörers des Alten und Wegbereiters des Neuen, das sich manifestieren will. Yogananda spricht in seiner »Autobiographie eines Yogi« von ihm als dem großen Führer der Menschheit im Verborgenen und dem ewig jungen, nie sterbenden Babadschi, der den Menschen mit seiner körperlichen Unsterblichkeit den Hinweis gibt auf noch unentdeckte Entwicklungsmöglichkeiten, die im Menschen selber liegen: die Unsterblichkeit im Körper, auf der Erde.

Welchen Weg werden die Menschen wählen?

Babaji
Ich bin Du
M.G. Wosien, (Hrg.)
Taschenbuch, 118 S.,
6 Fotos, DM 16,8
ISBN 3-925248-06-4, Verlag 2000

Dieses Buch ist ein authenischer Querschnitt durch die wichtigsten Reden, Lehren und Prophezeiungen Babajis.

Babaji, der nach Vorankündigung seinen Körper freiwillig aufgab, ging am 14. Februar 1984 ins Mahasamadhi, das "höchste Bewußtsein" ein. Während seines Erdaufenthaltes lehrte er alle, die zu ihm fanden, das Sanatana Dharma, die ewige Religion, deren Grundsätze wahre Menschlichkeit sind und verbreitete das Mantra OM NAMAH SHIVAY, was so viel bedeutet wie "Herr, Dein Wille geschehe".

Erhältlich im Verlag G. Reichel, Reifenberg 36, 8551 Weilersbach

BABAJI The Unfathomable
108 Encounters

G. Reichel (editor)
160 pages, 5 photos, 11.5 x 18.5 cm DM 18.--
ISBN 3-926388-10-2
Inside inaccessible caves and crevices of the Himalayan mountains, divine beings, yogis and saints have been absorbed in deep meditation over thousands of years. In a cave at the foot of Mount Kailash, Babaji was found in 1970 in a state of samadhi and was recognised as the Mahavatar, the timeless, divine incarnation. Ancient tradition, prophecies and accounts of disciples' experiences, including dreams and visions, heralded His coming. Babaji taught from 1970 to 1984 and called to Him devotees and disciples from all continents of the world. Who He was, how He taught and lived are questions the following accounts of experiences attempt to address. These stories enable Him to become visible before our very eyes. Let yourself also bring Him to life in your own heart.

G. Reichel Verlag Reifenberg 36, D 8551 Weilersbach, Tel. 09194-8900

Babaji - Unergründlich tief wie das Meer - 108 Begegnungen

G. Reichel (Hrg.), TB 120 S. DM 18,00
ISBN 3-925248-13-7 (Verlag 2000, M.Hesemann)
In den unzugänglichen Höhlen und Erdspalten des Himalaya meditieren seit Jahrtausenden göttliche Wesen, Yogis und Heilige in tiefer Versenkung und lenken die Geschicke der Menschheit. In einer Höhle am Fuße des Kailashberges wurde Babaji 1970 im Zustand des Samadhi gefunden und als Mahavatar, zeitlose, göttliche Inkarnation, erkannt. Alte Überlieferungen, Voraussagen und Berichte von Schülern, sowie Träume und Visionen kündigten sein Kommen an.
Babaji lehrte von 1970-1984 und rief Schüler aus allen Kontinenten zu sich. Wer war, wie und wo er lehrte und lebte, versuchen die folgenden Erlebnisberichte aufzuzeigen. Sie lassen ihn vor unseren Augen lebendig werden. Erwecke auch Du ihn in Deinem Herzen.

Shdema Goodman
Babaji - Am Quell der Wahrheit in Haidakhan Vishwa Mahadham
132 Seiten, 7 Fotos, Taschenbuch, DM 16,80
ISBN 3-926388-08-0

Dr. Shdema Goodman leitet eine Privatpraxis als Psychotherapeutin in Livingston, New Jersey. Sie gründetete das Biofeedback Institute and Stress Management Center in 201 S. Livingston Avenue, Livingston, N.J. In den Jahren 1978 - 1984 besuchte sie BABAJI, den unsterblichen Meister, wie Yogananda ihn in der "***Autobiographie eines Yogi***" beschrieben hat. Babaji lebte in Haidakhan, einem kleinen Ort zu Füßen des Himalaya.

Ihre weitreichenden Erfahrungen auf dem Gebiet des inneren Heilens, die sie in workshops bei den Vereinten Nationen (United Nations) weitergab, machten ihre Methode bekannt. Ferner hält sie Vorlesungen, leitet Internationale Workshops, lehrt Gestalt Therapie, Hypnosetherapien und Biofeedback.

"**Am Quell der Wahrheit**" ist Shedema Goodmans zweites Buch. Ihr erstes Buch "Come Alive" ist bisher nur in Amerika erschienen.

Neuerscheinung
im Frühjahr und Sommer 1990

BABAJI-
Der vollendete Meister

von Radhe Shyam, Übersetzung aus dem Amerikanischen
"I am Harmony"
Biographie Babajis, frühere Inkarnationen, Voraussagen seiner Wiederkehr, Babajis Erscheinen, offizielle Anerkennung als AVATAR, Berichte und Erlebnisse indischer und westlicher Schüler, mit einem Überblick über die Bedeutung seiner Lehren in der Gegenwart, sein Mahasamadhi.

ISBN-3-926388-01-3

Babaji -
Begegnungen mit dem Meister

Gertraud Reichel (Hrsg.)

Verschiedene langjährige Schüler berichten über ihre tiefgreifenden Erfahrungen mit Babaji und wie sich ihr Leben dank seines Wirkens änderte.

ISBN 3-926388-08-1